Königs Erläuterungen und Materialien
Band 206/7

Erläuterungen zu Samuel Beckett Warten auf Godot Endspiel

Eugène Ionesco Die Nashörner

von Edgar Neis

C. Bange Verlag - Hollfeld/Ofr.

Herausgegeben von Klaus Bahners, Gerd Eversberg
und Reiner Poppe

ISBN 3-8044-0174-0
4. Auflage 1986

Druck: Beyer-Druck, Eiergasse 13, 8607 Hollfeld

INHALT

EUGENE IONESCO: „DIE NASHÖRNER“

WARUM ABSURDES THEATER?

Jede Zeit schafft sich das ihr gemäße Theater. Eine Zeit wie die unsere kann sich mit dem Illusionstheater früherer Epochen, mit klassischen, realistischen und naturalistischen Darstellungsweisen nicht mehr begnügen; die Preisgabe des Glaubens an eine vernünftige Ordnung der Welt, der Verzicht auf alle moralischen, ethischen und ästhetischen Wertsetzungen, der Verlust des Gefühls, in einer überschaubaren, gesicherten Daseinsform zu leben, haben zum „Zerfall der Wirklichkeit und Werte", zum „Verlust der Mitte", zur „Zerstörung der Liebe und Humanität", zur „Unbehaustheit des Menschen", zum „Riß zwischen den Menschen und Gott", zur „Gottferne und Gottfinsternis" – wie die Schlagworte alle heißen – geführt. Ursache dieser enormen Verunsicherung des modernen Menschen, des Menschen unserer Zeit sind die in zwei Weltkriegen und deren Nachkriegszeiten gemachten Erfahrungen, die weltpolitischen Umschichtungen mit ihren Inflationen, dem Flüchtlingselend und Existenzverlust vieler Millionen, die in härtester Weise und in einem bis dahin nicht für möglich gehaltenem Ausmaß die Fragwürdigkeit alles Bestehenden und aller Werte an sich selber und ihren Mitmenschen erleben mußten.

Eine solche Zeit, in der die bestehende Ordnung aus den Fugen gerät, die den Menschen radikal vor das Nichts stellt, kann nicht – will die Bühne ihr Ausdruck verleihen – Theater im althergebrachten Sinne spielen. Eine solche Zeit muß die Existenzangst, das Groteske und die Absurdität des Daseins darzustellen versuchen. Das Absurde – und hier beziehen wir uns auf Camus – „meint den unaufhebbaren und heillosen Zwiespalt zwischen Welt und Ich. Diese Welt ist uns unverständlich. Wir sind in sie hineingeworfen und gehören doch nicht zu ihr. Wir suchen uns in ihr einzurichten und finden hier doch keine Heimat. Wir möchten unser Leben sinnvoll führen und es in einem höchsten Schutze geborgen wissen, fühlen uns aber den Zufällen und Wechselfällen des Daseins ausgesetzt und von ihnen abhängig; wir möchten frei sein und sehen uns in die Mechanik der Naturkausalität eingeordnet. Wir möchten glücklich, sogar ewig glücklich sein, und vor uns steht der Tod, der allem ein Ende macht. Der Liebe zum Leben steht die Ver-

zweiflung am Leben gegenüber. Wir leben in unaufhörlichen Widersprüchen. Vor allem erweist sich die Welt, je länger wir in ihr stehen, uns als fremd, gleichgültig, unvertraut ...
Das Absurde zeigt sich im Zusammenstoß von Mensch und Welt, aber auch im Zusammenstoß des Menschen mit sich selbst. Es bietet sich in der unübersehbaren Fülle aller Widersprüche, es charakterisiert sich im Zwiespalt zwischen dem Trieb des Menschen nach dem Unendlichen und seinem endlichen Dasein. Angesichts seiner „misère" ist fast nichts von seiner „grandeur" zu spüren. Die sozialen Zustände bestätigen und vermehren die individuellen Erfahrungen: wir wissen heute fast nur noch von Erniedrigten und Beleidigten zu berichten. Der moderne Mensch ist der Namenlose, der kämpft und leidet und sinnlos stirbt ... "
In seinem Buch „Der Mythos von Sisyphos", das von dem Manne handelt, der den schweren Stein den Berg hinaufwälzt, der dann wieder herabrollt und immer wieder aufs neue heraufgewälzt werden muß – eine endlose mühselige Arbeit –, sagt Camus: „Eine Welt, die sich erklären läßt, und sei es auch mit unzureichenden Gründen, ist eine vertraute Welt. In einem Universum jedoch, das der Illusionen und des Lichtes der Vernunft beraubt ist, fühlt sich der Mensch als Fremder. Aus diesem Exil gibt es keinen Ausweg, weil es in ihm keine Erinnerungen an eine verlorene Heimat und keine Hoffnung auf ein gelobtes Land gibt. Diese Scheidung des Menschen von seinem Leben ist das Gefühl der Absurdität." Und Ionesco definiert: „Absurd ist etwas, das ohne Ziel ist ... "
Einem solchen sinnlosen, hoffnungslosen Leben ein Ende zu setzen, etwa durch Selbstmord, wäre „sinnvoll", aber selbst dazu – wieder eine „Absurdität" – fehlt dem Menschen die Kraft und oft auch die Möglichkeit. So heißt es in Becketts „Warten auf Godot"

im ersten Akt:

Estragon. Komm wir hängen uns sofort auf.
Wladimir. An einem Ast? Ich hätte kein Vertrauen.
Und im zweiten Akt:
Estragon. Und wenn wir uns aufhängen würden?
Wladimir. Womit?
Estragon. Hast du ein Stück Kordel?

Wladimir. Nein.
Estragon. Dann können wir es nicht.

So muß der Mensch weiter „warten", weiter in der Ungeborgenheit, Sinnlosigkeit und Kälte des Daseins verharren und die Absurdität desselben ertragen. Das Leben bleibt unverständlich, hat keinen über den Tod hinaus erkennbaren Sinn. Der Mensch lebt ohne Gott, ohne Hoffnung, völlig in der Isolation, in der Einsamkeit mit sich selbst – wie im „Endspiel". Die Mühsal hat kein Ende, sie beginnt immer wieder von neuem – wie die immer wieder verebbenden und neu einsetzenden Dialoge zwischen Estragon und Wladimir in „Warten auf Godot". Es ist ein Dasein ohne Existenz, in der Anonymität, in der Preisgegebenheit an das Rätselhafte. An die Stelle des selbstbewußten, selbstsicheren Bürgers des 19. Jahrhunderts ist der verunsicherte, verschreckte Mensch des 20. Jahrhunderts getreten, der mehr vegetiert als lebt, der sich an das Nichts ausgeliefert fühlt und keinen Halt mehr findet.

Auch die mitmenschlichen, die zwischenmenschlichen Beziehungen sind dadurch gestört, die Menschen finden nicht mehr zueinander, „sie leben, essen und schlafen zwar miteinander", wie Hans Freyer in einer soziologischen Untersuchung sagt, „aber sie sind durch Welten getrennt; sie haben sich nichts zu sagen; was sie zueinander sagen, sprechen sie wie durch eine Leere hindurch." Die Dialoge in Becketts „Warten auf Godot" und „Endspiel" sowie in Ionescos „Die Nashörner" zeigen das deutlich.

Alle diese Gründe haben dazu beigetragen, das „Absurde Theater" zu schaffen, das somit als wesenhafter Ausdruck der Seinslage des Menschen um die Mitte und am Ende des 20. Jahrhunderts erscheint. Es zeigt – wie Martin Esslin am Schluß seines Buches „Das Theater des Absurden" mit prägnanter Klarheit ausführt – „den Menschen ohne den Halt einer durch den Zufall der Geburt erlangten sozialen Stellung und außerhalb eines historischen Zusammenhangs, in Ursituationen seines Daseins, die ihm grundsätzliche Entscheidungen abverlangen: den Menschen mit der Zeit konfrontiert und deshalb wartend von seiner Geburt bis zum Tode, bei Beckett und Gelber; auf der Flucht vor dem Tode, immer höher kletternd, bei Vian; sich passiv fallen lassend, bei Buzzati; in der Auflehnung gegen den Tod, sich ihm schließlich stellend und unterwerfend, in Ionescos „Mörder ohne Bezahlung“. Den Menschen, sich rettungslos verstrickend in einer Scheinwelt der Illusionen, der Widerspiegelungen von Spiegelbildern, die ihm die wahre Wirklichkeit auf ewig verbergen, bei Genet. Den Menschen, der – in den Parabeln von Manuel de Pedrolo – versucht, sich in der Welt einzurichten oder die Freiheit zu erlangen, und doch erkennen muß, daß er immer ein Gefangener bleibt. Den Menschen, der versucht, sich einen bescheidenen eigenen Platz zu schaffen gegen die Kälte und Dunkelheit, die ihn umgibt – bei Pinter; den Menschen, vergeblich bemüht, das Moralgesetz zu begreifen, das seine Fassungskraft übersteigt, bei Arrabal. Den Menschen, der keinen Ausweg findet aus dem unentrinnbaren Dilemma, daß tätiges Streben und passive Trägheit zu demselben Ergebnis führen – zu nichts, und schließlich zum Tode, bei Adamov in seinen frühen Stücken. Und immer wieder den Menschen in ewiger Einsamkeit, gefangen im Kerker der Subjektivität, unfähig, den Mitmenschen zu erreichen.

Da das Theater des Absurden sich also mit den elementaren Gegebenheiten, den wenigen Kernproblemen der menschlichen Existenz beschäftigt: Leben und Tod, Vereinsamung und Gemeinsamkeit, bedeutet es, so grotesk, frivol und ehrfurchtslos es auch erscheinen mag, damit doch eine Rückkehr zur ursprünglichen, religiösen Aufgabe des Theaters: es konfrontiert den Menschen mit dem Bereich des Mythos und des Religiösen. Wie die antike Tragödie, die mittelalterlichen Mysterienspiele und die barocken Allegorien, so will auch das Theater des Absurden dem Zuschauer die prekäre, rätselhafte Situation des Menschen im Universum vor Augen führen.

Der Unterschied zur griechischen Tragödie – und Komödie – sowie zum mittelalterlichen Mysterienspiel und zum barocken auto sacramental ist bloß, daß die dort dargestellten ursprünglichen Gegebenheiten sich in allgemein bekannte und anerkannte metaphysische Systeme einfügten, während das Theater des Absurden das Fehlen solcher allgemein anerkannter Weltordnungen und Wertsysteme zum Ausdruck bringt. Sehr viel bescheidener geworden, maßt es sich deshalb auch nicht an, dem Menschen die Ratschlüsse Gottes zu erklären, sondern zeigt nur – in Angst oder Spott –,

wie der Einzelmensch der letzten Dinge inne wird, was er entdeckt, wenn er sich in die Tiefen seines Ichs, in seine Träume, Phantasien und Ängste versenkt.
Während frühere Versuche, den Menschen mit den Grundtatsachen seines Daseins zu konfrontieren, logisch geschlossene Systeme allgemein anerkannter Wahrheiten auf die Bühne projizierten, will der Dramatiker des Absurden dem Publikum jeweils nur seine ureigene, ganz persönliche Erfahrung der menschlichen Situation mitteilen, sein eigenes Daseinsgefühl, seine individuelle Weltanschauung. Diese persönlichen Erlebnisse bilden Stoff und Thema des Theaters des Absurden und bestimmen gleichzeitig seine Form, die sich zwangsläufig vom realistischen Theater unserer Zeit grundlegend unterscheiden muß."

WAS IST ABSURDES THEATER?

Wegbereiter des absurden Theaters sind die karikaturistischen Stücke von Alfred Jarry und Antonin Artaud; seine Protagonisten sind Samuel Beckett, Arthur Adamov, Eugène Ionesco, Jean Genet und einige andere; ausgewirkt hat es sich auf die gesamte dramatische Produktion des späten zwanzigsten Jahrhunderts, also auch auf Jean Tardieu, Dino Buzzati, Fernando Arrabal, Max Frisch, Friedrich Dürrenmatt, Wolfgang Hildesheimer, Günter Grass, Robert Pinget, Harold Pinter, Edward Albee und Edward Bond.
Seine charakteristischen Merkmale können wir an dieser Stelle nur in Form von Stichworten aufzählen, ohne einen Anspruch auf Vollständigkeit zu erheben; eine ausführliche zusammenhängende Darstellung würde zu weit führen.

Wesentliche Hauptkennzeichen sind folgende:

1. Voraussetzung des absurden Theaters ist eine als „absurd" erkannte Welt.
2. Es wird keine geschlossene gegenständliche Welt dargestellt, kein logisch fortschreitendes Geschehen.
3. Statt eines Geschehens, einer fortlaufenden Handlung nur Reflexionen, Dialoge ohne Ziel, gedankliche Akrobatik.
4. Nicht die äußere Welt, die Welt der Realität wird dargestellt, sondern der seelische Innenraum des Menschen.
5. Der Mensch steht nicht dem Menschen und der Welt gegenüber, sondern dem Rätselhaften, Unbegreiflichen, Transzendenten, dem Chaos, dem Nichts.
6. Der Mensch kennt keine Ideale und hat kein Ziel mehr; er hat keinen Halt; er ist entsetzlich einsam, es erfaßt ihn eine namenlose Angst vor der eigenen inneren Leere, die sein Denken und Tun völlig beherrscht.
7. Das absurde Theater ist Demonstrationstheater: es „zeigt" die Situation des Menschen auf, in der er sich „befindet": die Situation der metaphysischen Ausweglosigkeit.
8. Das absurde Theater desillusioniert und setzt damit einen Denkprozeß in Gang: es fordert heraus.

9. Die klassischen Kategorien der Einheit der Zeit, des Ortes und der Handlung sind aufgehoben: es gibt keine äußere meßbare Zeit mehr, sie geht über in Zeitlosigkeit, in Zuständlichkeit. Zeit läuft nicht mehr ab, sie wird zum fest fixierten Dauerzustand: Das Warten („Warten auf Godot"); das Vegetieren („Endspiel").
   Der Ort ist ein imaginärer Ort: er ist überall und nirgends. („Landstraße. Ein Baum.")
   Es gibt keine Handlung mehr (im alten Sinne), der „Verlauf" der Stücke ist statisch.
10. Die Figuren sind nicht mehr mit sich selbst identisch, haben keine Personalität, sondern sind Typen, Marionetten, „Spieler". Daher oft Rollenverdoppelung oder Doppelrollen, eine Folge der Auflösung der normalen Subjekt-Objekt-Beziehungen.
11. Das absurde Theater ist vielfach Pantomime. Es bevorzugt optische und akustische Elemente der Darstellung.
12. Das absurde Theater schwelgt in Allegorien, Paradoxien und Clownerien. „Der Clown ist weder tierisch ernst noch zynisch, sondern von einer Traurigkeit, die, da sie das traurige Los des Menschen abspiegelt, die Herzen aller Menschen solidarisiert."
13. „In einer Welt, in der die Grenze zwischen Subjekt und Objekt gefallen ist, in der sich offenbart, wie das Subjekt in sich gespalten ist, kann die Sprache, die auf dem gesicherten Subjekt-Objekt-Bezug basiert, nicht mehr tragfähig sein." Im absurden Theater herrscht die Inkommunikabilität: die Menschen reden aneinander vorbei, ihre Worte werden nicht verstanden oder gehen ins Leere. Die Zerstörung der Sprache als Mittel der Verständigung ist im absurden Theater evident.
14. Doppelungen, Parallelität, Kreisbewegungen, Rückwendung des Endes in den Anfang sind typische, bühnentechnische und dramaturgische Kunstgriffe des absurden Theaters, die sich in der Vorliebe für Figurenpaare, Wort- und Satzwiederholungen, Situationswiederholungen und in steten, ins Unendliche verlaufenden Dialogen ohne Anfang und Ende äußern: ein circulus vitiosus, aus dem der Mensch sich nicht mehr herauslösen und befreien kann.

Martin Esslin definiert das Wesen des absurden Theaters folgendermaßen:
„Da dem Theater des Absurden nicht daran gelegen ist, Informationen zu übermitteln oder die Probleme und Schicksale von Personen darzustellen, die außerhalb der Innenwelt des Autors existieren, da es auch keine Thesen aufstellt und keine ideologischen Behauptungen diskutiert, befaßt es sich auch nicht mit der Schilderung von Ereignissen oder der Darstellung der Schicksale und Abenteuer eines dramatischen Helden. An ihre Stelle tritt die Darstellung von Grundsituationen des Einzelmenschen. Es ist ein Theater der Situation im Gegensatz zum Theater des Handlungsablaufs, und seine Sprache ist nicht die der Beweisführung und der diskursiven Rede, sondern eine Zeichensprache in konkreten Bildern. Und da es Lebensgefühle darzustellen versucht, kann es also Verhaltens- oder Moralprobleme auch weder untersuchen noch lösen. Weil im Theater des Absurden der Autor seine persönliche Welt auf die Bühne projeziert, kennt dieser dramatische Stil auch keine objektiv gültigen Charaktere. Er zeigt weder das Aufeinanderprallen gegensätzlicher Temperamente noch in Konflikt geratene menschliche Leidenschaften; er ist daher nicht dramatisch im herkömmlichen Sinne. Der Dramatiker des Absurden will auch keine Geschichten erzählen, um daraus nach Art des erzählenden „epischen" Theaters von Brecht moralische oder soziale Lehren abzuleiten. Die Handlung eines absurden Stücks soll nichts erzählen, sondern eine Komposition poetischer Bilder auf die Bühne stellen."

Samuel Beckett:

„WARTEN AUF GODOT"

SAMUEL BECKETT: LEBEN UND WERK (KURZBIOGRAPHIE)

Geboren 1906 in Foxrock, einem Vorort von Dublin.
Vater: Baukalkulator.
Mit vierzehn Jahren anglo-irisches Internat: Portora Royal School in Enniskillen, die auch Oscar Wilde besucht hatte.
Beckett ist ein glänzender Schüler und sehr guter Sportler. 1923 Trinity College in Dublin. Beckett studiert Französisch und Italienisch.
1927 Bachelor of Arts.
Wegen hervorragender wissenschaftlicher Leistungen vom College als Englisch-Lektor an die Ecole Supérieure nach Paris entsandt.
Paris 1928: Bekanntschaft mit James Joyce.

1929 Veröffentlichung eines Essays über „Dante . . Bruno. Vico . . Joyce."
1930 Rückkehr nach Dublin: Assistent für Romanistik am Trinity College.
1931 Essay über Proust.
1931 Master of Arts.
1937 Rückkehr nach Paris.
1938 Roman „Murphy".
1940–42 Teilnahme an der Résistance.
1942 Flucht in das unbesetzte Südfrankreich, Landarbeiter auf einem Bauernhof bei Avignon.
1945 Wieder in Paris, von nun an ununterbrochen schriftstellerische Tätigkeit.
1951 Roman „Molloy".
1952 „Warten auf Godot".
1957 „Endspiel".
1961–1963 „Glückliche Tage", „Spiel".
1969 Nobelpreis.
1970 Roman „Mercier und Camier".

„GANG DER HANDLUNG"

Die Überschrift dieses Kapitels „Gang der Handlung" muß in Anführungszeichen gesetzt werden. Denn es gibt keinen Gang der Handlung in Samuel Becketts „Warten auf Godot". Es ist ein Stück ohne jede Handlung, es sei denn, man bezeichnet die Dialoge, Dialogfetzen, das Auf- und Abtreten der vier Personen, ihr Spiel mit den wenigen Gegenständen, die ihnen zur Verfügung stehen, ihre Clownerien und Querelen, vor allem aber ihr Warten, das Warten auf jemanden, der nicht kommt, als Handlung.

Das Programmheft des Tübinger Zimmertheaters, in dem eine der ersten Aufführungen dieses epochemachenden Werkes der modernen Dichtung stattfand, faßt das „Geschehen" des Stückes folgendermaßen zusammen:

Wladimir und Estragon, zwei Landstreicher, warten irgendwo an der Landstraße auf einen gewissen Herrn Godot, mit dem sie verabredet sind. Sie spielen unterdessen mit ihren wenigen Requisiten und vertreiben sich die Zeit. Ein Warten, angefüllt mit Spiel und Reflexion.

Pozzo und Lucky kommen vorbei und machen kurze Rast mit den Vagabunden. Pozzo und Lucky gehören wie Herr und Knecht zusammen: beide sind durch die Dialektik von Befehlen und Gehorchen aneinander gebunden. Der Herr spielt sich auf, der Knecht muß seine Kunststückchen vorführen; dann ziehen die beiden weiter und lassen Wladimir und Estragon wieder allein.

Ein Junge bringt gegen Ende jedes Aktes die Nachricht, daß Herr Godot heute nicht mehr kommen wird, aber sicher morgen. Die beiden Wartenden erfahren nicht, wer Herr Godot eigentlich ist. Sie werden vertröstet und warten weiter.

Ein Stück, das seinen thematischen Gegenstand dermaßen im Unbestimmten läßt, fordert zur Interpretation heraus. Es bleiben vielerlei Deutungen offen.

ERSTER AKT

Wenn der Vorhang sich öffnet, sitzt Estragon auf der Erde und versucht, seinen Schuh auszuziehen. Er braucht beide Hände dazu und stöhnt dabei. Erschöpft gibt er den Versuch auf, erholt sich schnaubend und versucht es von neuem. Das Spiel wiederholt sich. Dann tritt Wladimir auf. Er nähert sich auf gespreizten Beinen, mit kurzen, steifen Schritten. Zwischen ihm und Estragon entspinnt sich ein Dialog. Wladimir freut sich, Estragon wiederzusehen. Er war also anscheinend längere Zeit weg gewesen. Estragon hat inzwischen die letzte Nacht im Straßengraben der Landstraße verbracht und ist von irgendjemandem geschlagen worden. Er versucht immer wieder, seinen Schuh auszuziehen, was ihm aber immer noch nicht gelingt. Währenddessen nimmt Wladimir seinen Hut ab, schaut hinein, steckt seine Hand hinein, schüttelt ihn aus und setzt ihn wieder auf. Das Spiel wiederholt sich. Endlich gelingt es Estragon, seinen Schuh auszuziehen. Er schaut – wie Wladimir in seinen Hut – hinein, steckt seine Hand hinein, dreht den Schuh um und schüttelt ihn aus. Das Spiel wiederholt sich, ebenso wie das Hut-Spiel Wladimirs. Der Dialog wird fortgesetzt. Er kreist zunächst um die zwei Schächer, die zusammen mit dem Erlöser gekreuzigt wurden. Wladimir und Estragon sind sich nicht im klaren darüber, ob einer der beiden Schächer erlöst oder beide verdammt wurden. Alle vier Evangelisten waren dabei, aber nur einer spricht von einem erlösten Schächer. Darf man ihm glauben oder nicht? Die Frage bleibt offen. Inzwischen ist Estragon aufgestanden, schaut in die Ferne und fordert Wladimir auf, mitzugehen.

Estragon. Komm, wir gehen!
Wladimir. Wir können nicht.
Estragon. Warum nicht?
Wladimir. Wir warten auf Godot.
Estragon. Ach ja. (Pause).

Da sie nicht sicher sind, ob es der richtige Ort und Zeitpunkt ist, an dem sie auf Godot warten sollen, versinken sie wieder in Schweigen.

Estragon. Bist du sicher, daß es hier ist?
Wladimir. Was?
Estragon. Wo wir warten sollen.
Wladimir. Er sagte, vor dem Baum. (Sie betrachten den Baum.) Siehst du sonst noch Bäume?
Estragon. Was ist das für einer?
Wladimir. Ich weiß nicht ... Eine Weide.
Estragon. Wo sind die Blätter?
Wladimir. Sie wird abgestorben sein.
Estragon. Ausgetrauert.
Wladimir. Es sei denn, daß es an der Jahreszeit liegt.
Estragon. Ist das nicht vielmehr ein Bäumchen?
Wladimir. Ein Strauch.
Estragon. Ein Bäumchen.
Wladimir. Ein – (Er setzt von neuem an.) Was willst du damit sagen? Daß wir uns im Platz geirrt hätten?
Estragon. Er müßte eigentlich hier sein.
Wladimir. Er hat nicht fest zugesagt, daß er käme.
Estragon. Und wenn er nicht kommt?
Wladimir. Kommen wir morgen wieder.
Estragon. Und dann übermorgen.
Wladimir. Vielleicht.
Estragon. Und so weiter.
Wladimir. Das heißt ...
Estragon. Bis er kommt.
Wladimir. Du bist unbarmherzig.
Estragon. Wir sind gestern schon hier gewesen.
Wladimir. Ach was, da täuschst du dich.
Estragon. Was haben wir gestern getan?
Wladimir. Was wir gestern getan haben?
Estragon. Ja.
Wladimir. Hm ... Ärgerlich. Wenn was zu bezweifeln ist, bist du da.
Estragon. Ich meine, daß wir hier waren.
Wladimir. blickt in die Runde: Kommt dir die Gegend bekannt vor?
Estragon. Das will ich nicht sagen.

Wladimir. Also?
Estragon. Das will nichts heißen.
Wladimir. Immerhin ... dieser Baum ... (Zum Publikum gewandt.) Dieser Sumpf.
Estragon. Bist du sicher, daß es heute abend war?
Wladimir. Was?
Estragon. Daß wir warten sollten?
Wladimir. Er hat gesagt: Samstag: (Pause.) Meine ich jedenfalls.
Estragon. Nach Feierabend.
Wladimir. Ich muß es aufgeschrieben haben. (Er wühlt in seinen Taschen, die mit den verschiedensten Dingen vollgestopft sind.)
Estragon. Aber an welchem Samstag? Ist heute denn Samstag? Kann nicht auch Sonntag sein? Oder Montag? Oder Freitag?
Wladimir. blickt aufgeregt um sich, als wenn das Datum irgendwo in der Landschaft zu lesen wäre: Es ist nicht möglich.
Estragon. Oder Donnerstag?
Wladimir. Was soll man machen?
Estragon. Wenn er sich gestern abend vergebens hierhin bemüht hat, dann kannst du dir wohl denken, daß er heute nicht kommt.
Wladimir. Du sagst doch, wir wären gestern abend hier gewesen.
Estragon. Ich kann mich irren. (Pause.) Schweigen wir ein wenig, ja?
Wladimir. mit schwacher Stimme: Ja, meinetwegen.

Die folgenden, nach einer langen Pause wieder einsetzenden Dialoge zeigen die Sensibilität und Zartbesaitetheit der beiden Landstreicher:

Wladimir. Ich fühlte mich einsam.
Estragon. Ich habe geträumt.
Wladimir. Erzähl es nicht.
Estragon. Ich träumte, daß ...
Wladimir. Erzähl es nicht!

Estragon. Wem soll ich denn meine Angstträume erzählen, wenn nicht dir?
Wladimir. Behalt sie für dich. Du weißt gut, daß ich das nicht vertrage.
Estragon (kühl). Manchmal frag ich mich, ob es nicht besser wäre auseinanderzugehen.

Aber Wladimir und Estragon können nicht auseinandergehen. Sie sind aneinandergekettet seit fünfzig Jahren, beschimpfen sich, erziehen sich gegenseitig, unterhalten sich, schweigen miteinander und warten – auf Godot.

Wladimir. Warten wir ab, was er uns sagen wird.
Estragon. Wer?
Wladimir. Godot.
Estragon. Ach ja.

– – –

Wladimir. Ich glaubte, er sei es.
Estragon. Wer?
Wladimir. Godot.
Estragon. Pah! Der Wind im Schilf. Komm, wir gehen.
Wladimir. Wohin? Heute abend schlafen wir vielleicht bei ihm, im Warmen, im Trocknen, mit vollem Bauch, auf Stroh. Dann lohnt es sich zu warten. Nicht?

– – –

Estragon. Ich frage, ob wir gebunden sind.
Wladimir. Gebunden?
Estragon. Gebunden.
Wladimir. Wie gebunden?
Estragon. An Händen und Füßen.
Wladimir. Aber an wen? Durch wen?
Estragon. An deinen guten Mann.
Wladimir. An Godot? Gebunden an Godot? Wie kommst du darauf? Nie im Leben. Noch – nie.
Estragon. Heißt er Godot?
Wladimir. Ich glaube.

Estragon und Wladimir essen gelbe Rüben, beginnen zu philosophieren, sehen ein, daß man bleibt, was man ist und daß sich im Grunde nichts ändert.
In diese stagnierende Situation hinein kommt nun ein „erregendes Moment": es spielt sich zunächst in Form einer Pantomime ab:
Pozzo und Lucky treten auf. Pozzo führt Lucky am Strick vor sich her. Der Strick ist um Luckys Hals geschlungen. Man sieht zuerst Lucky und den Strick. Der Strick muß so lang sein, daß Lucky bis auf die Mitte der Bühne gehen kann, ehe Pozzo aus den Kulissen tritt. Lucky trägt einen schweren Handkoffer, einen Klappstuhl, einen Vorratskorb und auf dem Arm einen Mantel; Pozzo hat eine Peitsche.
Pozzo noch hinter den Kulissen: Schneller!
Peitschenknallen. Pozzo erscheint. Sie überqueren die Bühne. Lucky geht an Wladimir und Estragon vorbei und verläßt die Bühne. Pozzo bleibt stehen, nachdem er Wladimir und Estragon erblickt hat. Der Strick spannt sich. Pozzo zieht heftig daran. Zurück! Geräusch eines Sturzes. Lucky stürzt mit seiner ganzen Last zu Boden. Wladimir und Estragon schauen ihn an und sind unschlüssig, ob sie ihm zu Hilfe eilen oder ob sie sich aus Angelegenheiten, die sie nichts angehen, heraushalten sollen. Wladimir geht einen Schritt auf Lucky zu. Estragon hält ihn am Ärmel zurück.

Wladimir. Laß mich los!
Estragon. Bleib ruhig.
Pozzo. Vorsicht! Er ist bissig. (Estragon und Wladimir schauen ihn an.) Fremden gegenüber.
Estragon. leise: Ist er es?
Wladimir. Wer?
Estragon. Na, der . . .
Wladimir. Godot?
Estragon. Eben.
Pozzo. Ich stelle mich vor: Pozzo.
Wladimir. Ach was!
Estragon. Er sagte: Godot.
Wladimir. Ach was!

Estragon. zu Pozzo: Mein Herr, sind Sie vielleicht Herr Godot?

Pozzo. mit schrecklicher Stimme: Ich bin Pozzo! (Schweigen.) Der Name sagt Ihnen nichts? (Schweigen.) Ich frage Sie, ob der Name Ihnen nichts sagt?

Wladimir und Estragon blicken einander fragend an.

Estragon. tut so, als suche er: Bozzo . . . Bozzo . . .

Wladimir. tut auch so, als suche er: Pozzo . . .

Pozzo. PPPOZZO!

Auch Pozzo und Lucky sind wie Estragon und Wladimir ein Figurenpaar und eng aneinandergekettet, hier im Verhältnis des Herrn zum Knecht. Wie der Herr nicht ohne den Knecht, kann der Knecht nicht ohne den Herrn existieren. Auch hier geht eine Pantomime den folgenden Dialogen voraus:
Sehen Sie, meine Freunde, ich kann nicht lange auf die Gesellschaft von meinesgleichen verzichten. Er schaut Wladimir und Estragon an. Selbst dann, wenn sie mir nur unvollkommen gleichen. Zu Lucky. Klappstuhl! Lucky stellt den Koffer und den Korb auf die Erde, geht vor, öffnet den Klappstuhl, stellt ihn auf die Erde, geht zurück und nimmt den Koffer und den Korb wieder in die Hände. Pozzo schaut den Klappstuhl an. Näher ran! Lucky stellt den Koffer und den Korb auf die Erde, geht vor, schiebt den Klappstuhl weiter vor, geht wieder an seinen Platz und hebt Koffer und Korb wieder auf. Pozzo setzt sich, berührt mit dem Ende seiner Peitsche Luckys Brust und stößt zu. Zurück! Lucky geht zurück. Weiter! Lucky geht noch weiter zurück. Halt! Lucky bleibt stehen. Zu Wladimir und Estragon. Darum werde ich, mit Ihrer Erlaubnis, ein wenig bei Ihnen verweilen, ehe ich mich weiter vorwärts wage. Zu Lucky. Korb! Lucky geht vor, gibt den Korb und geht wieder zurück. Die frische Luft zehrt! Er öffnet den Korb, nimmt ein Hühnerbein, ein Stück Brot und eine Flasche Wein heraus. Zu Lucky. Korb! Lucky geht vor, nimmt den Korb, geht zurück und bleibt stehen. Weiter weg! Lucky geht weiter zurück. Halt! Lucky bleibt stehen. Er stinkt. Er trinkt einen großen Schluck aus der Flasche. Auf unser aller Wohl! Er stellt seine Flasche auf die Erde und beginnt zu essen. Schweigen. Estragon und Wladimir fassen sich allmählich ein Herz, gehen

um Lucky herum und betrachten ihn von allen Seiten. Pozzo beißt gierig in das Hühnerbein und wirft die Knochen weg, nachdem er sie abgelutscht hat. Lucky geht langsam in die Kniebeuge, bis der Koffer den Boden berührt. Er richtet sich plötzlich auf und sinkt wieder zusammen, wie jemand, der im Stehen schläft.
Wladimir und Estragon bestaunen Lucky wie ein Untier, wagen es ihn anzusprechen, haben aber Angst vor ihm. Estragon stürzt sich dann auf die weggeworfenen Hühnerknochen, hebt sie auf und beginnt sie abzunagen. Pozzo erklärt Estragon und Wladimir sein Verhältnis zu Lucky: „Er versucht, mich weich zu machen, damit ich darauf verzichte, mich von ihm zu trennen ... Er will mich kleinkriegen, aber er kriegt mich nicht ... Schließlich hätte ich in seiner Haut stecken können und er in meiner. Wenn der Zufall es nicht anders gewollt hätte. Jedem das Seine." Das Verhältnis Herr – Knecht ist also rein zufällig. Es ist ein Ergebnis äußerer Umstände, nicht der geistigen Überlegenheit. Pozzo kann Lucky tanzen lassen; im Besitz seiner Macht über ihn fordert er Lucky, den ehemaligen Intellektuellen, zum Denken und zu einem gelehrten Vortrag auf. Geist ist der Macht unterworfen, und diese treibt Mißbrauch mit dem Geist. Aber bei Lucky sind nur noch verschwommene Reste des Intellektualismus vorhanden. Sein monotoner Vortrag ist bruchstückhaft, unverständlich, ein wirres Konglomerat von Ausdrücken aus allen Wissensgebieten. Estragon, Wladimir und selbst Pozzo sind zuerst interessiert, dann niedergeschlagen und angeekelt, fallen schließlich über Lucky her, der um sich schlägt und seinen Text heult. Dann bricht Lucky zusammen. Endlich brechen Pozzo und Lucky auf. Estragon und Wladimir bleiben deprimiert zurück.

Estragon. Was sollen wir jetzt machen?
Wladimir. Ich weiß nicht.
Estragon. Komm, wir gehen.
Wladimir. Wir können nicht.
Estragon. Warum nicht?
Wladimir. Wir warten auf Godot.
Estragon. Ach ja.

Da erscheint ein Junge. Er spricht Wladimir mit „Herr Albert" an. Er arbeitet für Herrn Godot und ist sein Bote. Er verkündet, daß

Herr Godot ihn beauftragt habe, Estragon und Wladimir zu sagen, daß er heute abend nicht kommen werde, aber sicher morgen. Estragon und Wladimir müssen also weiter warten.

Wladimir. Wir können noch auseinandergehen, wenn du meinst, daß es besser wäre.
Estragon. Jetzt lohnt es sich nicht mehr.
Wladimir. Nein, jetzt lohnt es sich nicht mehr.
Estragon. Also, wir gehen?
Wladimir. Gehen wir!

Sie gehen nicht von der Stelle.

ZWEITER AKT

Der zweite Akt ist im Grunde genommen eine Wiederholung des ersten. Es spielt am nächsten Tag, an derselben Stelle, um dieselbe Zeit. Nichts hat sich verändert, nur der Baum trägt einige Blätter. Diesmal ist Wladimir zuerst auf der Bühne. Er singt das bekannte Lied „ohne Ende", das zugleich ein Symbol für dies Spiel „ohne Ende" ist, für das Spiel, das sich immer wieder erneuert und immer gleich weiterläuft;

Ein Hund kam in die Küche
und stahl dem Koch ein Ei.

Da nahm der Koch den Löffel
und schlug den Hund zu Brei.
Da kamen die anderen Hunde
und gruben ihm ein Grab.
Und setzten ihm ein'n Grabstein,
worauf geschrieben stand:

Ein Hund kam in die Küche
und stahl dem Koch ein Ei . . .
usw. usw.

Dann tritt Estragon auf, barfuß, mit hängendem Kopf. Wladimir stellt dieselben Fragen wie im ersten Akt: Wo warst du diese Nacht? Hat man dich geschlagen?" Er ist zufrieden, daß Estragon wieder da ist, und beide wollen nun weiter auf Godot warten. Sie sind sich nicht sicher, ob es dieselbe Stelle wie gestern ist, an der sie heute warten, Estragon kann sich an manches nicht mehr recht erinnern. Beide versuchen sich klarzumachen, was gestern war, versuchen sich an die Begegnung mit Pozzo und Lucky wieder zu erinnern. Statt der Rüben gibt es heute Radieschen. Und immer wieder – wie ein Refrain – heißt es zwischendurch:

Estragon. Komm, wir gehen.
Wladimir. Wir können nicht.
Estragon. Warum nicht?
Wladimir. Wir warten auf Godot
Estragon. Ach ja.

So versuchen sie sich die Zeit zu vertreiben, das Warten zu verkürzen. Ein solches Zeitvertreib-Spiel ist das Hut-Spiel. Estragon nimmt den Hut Wladimirs. Wladimir setzt Luckys Hut auf, der noch da lag, wo er liegen geblieben war, Estragon tauscht seinen Hut mit Wladimirs Hut und reicht seinen eigenen Hut Wladimir. Wladimir nimmt den Hut Estragons. Estragon setzt Wladimirs Hut auf. Wladimir tauscht Estragons Hut mit Luckys Hut, den er Estragon reicht. Estragon nimmt Luckys Hut. Wladimir setzt Estragons Hut auf. Estragon tauscht Luckys Hut mit dem Hut Wladimirs, den er Wladimir wieder reicht. Wladimir nimmt seinen Hut. Estragon setzt Luckys Hut auf. Wladimir tauscht seinen Hut mit dem Hut Estragons, den er Estragon reicht. Estragon nimmt seinen Hut, Wladimir setzt seinen Hut auf. Estragon tauscht seinen Hut mit Luckys Hut, den er Wladimir reicht. Wladimir nimmt Luckys Hut. Estragon setzt seinen Hut auf. Wladimir tauscht Luckys Hut mit seinem eigenen, den er Estragon reicht. Estragon nimmt Wladimirs Hut. Wladimir setzt Luckys Hut auf. Estragon reicht Wladimirs Hut Wladimir, der ihn nimmt und ihn Estragon reicht, der ihn nimmt und ihn Wladimir reicht, der ihn annimmt und wegwirft. Das alles mit schnellen Bewegungen.

Wladimir. Steht er mir?
Estragon. Ich weiß nicht.
Wladimir. Nein, wie findest du mich denn?
(Er dreht seinen Kopf nach rechts und nach links und nimmt die Haltung eines Mannequins an).
Estragon. Gräßlich.
Wladimir. Doch nicht schlimmer als gewöhnlich?
Estragon. Genau so.
Wladimir. Dann kann ich ihn ja behalten. Meiner tat mir weh. (Pause). Wie soll man sagen? (Pause). Er kratzte mich.
Estragon. Ich gehe.
Wladimir. Willst du nicht spielen?
Estragon. Was spielen?
Wladimir. Wir können Pozzo und Lucky spielen.
Estragon. Kenn ich nicht.
Wladimir. Ich spiele Lucky, du Pozzo.
(Er stellt sich so hin wie Lucky, der unter der Last seines Gepäcks fast zusammenbricht. Estragon sieht ihm verblüfft zu). Mach schon!
Estragon. Was soll ich machen?
Wladimir. Mich anschnauzen!
Estragon. Du Schweinehund!
Wladimir. Lauter!
Estragon. Du Scheißkerl! Du Lump!
(Wladimir geht vor und zurück, als würde er beinahe zusammenbrechen).
Wladimir. Sag mir, daß ich denken soll.
Estragon. Wie denn?
Wladimir. Sag: Denke, Schwein!
Estragon. Denke, Schwein!
(Schweigen).
Wladimir. Ich kann es nicht!
Estragon. Hör auf!
Wladimir. Sag mir, daß ich tanzen soll!
Estragon. Ich gehe!
Wladimir. Tanze, Schwein!

(Er macht Verrenkungen auf der Stelle. Estragon läuft weg.) Ich kann es nicht. (Er hebt den Blick auf, sieht, daß Estragon nicht mehr da ist und stößt einen herzzerreißenden Schrei aus). Gogo! (Stille. Er geht kreuz und quer über die Bühne und rennt fast. Estragon kommt rennend wieder auf die Bühne. Außer Atem läuft er auf Wladimir zu).

Estragon. Wir wollen uns wieder vertragen.
Wladimir. Gogo!
Estragon. Didi!
Wladimir. Deine Hand!
Estragon. Da!
Wladimir. Komm in meine Arme!
Estragon. Deine Arme!
Wladimir. An meine Brust!
Estragon. Also los!
Sie umarmen sich. Schweigen.

Nun treten Pozzo und Lucky wieder auf. Pozzo ist blind geworden, Lucky ist beladen wie im ersten Akt. Strick, wie im ersten Akt, aber kürzer, damit Pozzo bequem folgen kann. Lucky trägt einen neuen Hut. Lucky bricht zusammen, läßt alles fallen und reißt Pozzo mit zu Boden. Beide bleiben liegen. Pozzo windet sich, stöhnt und schlägt mit den Fäusten auf die Erde. Wladimir versucht, Pozzo aufzuheben, es gelingt ihm nicht, er fällt selber hin, zieht Estragon mit sich, so daß alle vier Personen auf der Erde liegen. Endlich befreit sich Pozzo unter Schmerzensschreien aus dem Menschenknäuel, auch den anderen gelingt es nun, aufzustehen. Nach dieser turbulenten Szene glauben die vier, sich wiederzuerkennen:

Wladimir. Es ist also Lucky? Er ist es also doch?
Pozzo. Ich verstehe nicht.
Wladimir. Und Sie sind Pozzo?
Pozzo. Natürlich bin ich Pozzo.
Wladimir. Dieselben wie gestern?
Pozzo. Wie gestern?
Wladimir. Wir haben uns gestern gesehen. Erinnern Sie sich nicht mehr daran?

Pozzo und Lucky brechen nun auf, Lucky schleppt einen schweren Koffer mit Sand, gibt die Peitsche Pozzo und zieht ihn an dem Strick davon. Bevor sie weggehen, wünscht Wladimir, daß Lucky noch einmal singen oder rezitieren soll, muß aber von dem blinden Pozzo erfahren, daß Lucky stumm geworden ist. Der Stumme führt nun den Blinden hinweg, Wladimir und Estragon bleiben wieder alleine zurück. Wieder erscheint der Junge und teilt Wladimir, den er nicht wiedererkennt, mit, daß Herr Godot heute abend nicht kommen wird, ganz bestimmt aber morgen. Wladimir teilt dies Estragon mit, der geschlafen hat. Ein erneuter Versuch, sich aufzuhängen, scheitert, weil keine Kordel vorhanden ist. So wollen sie weiter auf Herrn Godot warten.

Estragon.	Und wenn er kommt?
Wladimir.	Sind wir gerettet. –
Wladimir.	Also? Wir gehen?
Estragon.	Gehen wir!

Sie gehen nicht von der Stelle.

DIE CHARAKTERE DER BEIDEN FIGURENPAARE

Estragon und Wladimir

a) **Estragon:** primitiv, langsam, nachdenklich und träumerisch veranlagt (er sagt, er sei früher Dichter gewesen), sprunghaft, resigniert, leicht vergeßlich, höhnisch, grausam, verfressen (Hühnerknochen!), faul, schläfrig, sehr labil, dickleibig, leidet an seinen Füßen, die schlecht riechen, wird angeblich jede Nacht verprügelt.

b) **Wladimir:** etwas gewandter, optimistischer als Estragon, mehr führend, erfinderisch, idealistisch, ausdauernd, ängstlich (will sich Estragons Träume nicht erzählen lassen), nervös, sensibel, ernsthafter als Estragon, mager, hat Prostataleiden und schlechten Mundgeruch.

Estragon wird von Wladimir nach der dritten Silbe seines Namens Gogo, Wladimir von Estragon nach der zweiten Silbe seines Namens Didi genannt. Estragon selbst nennt sich Catull, Wladimir wird von dem Jungen als Herr Albert angeredet.

c) **Pozzo:** typischer irischer Landbesitzer und Gutsherr, herrisch, sadistisch, reich, mächtig, selbstsicher, Machtmensch, der auch den Geist, den Intellektuellen sich untertan macht. Sein erster Auftritt ist so großartig, daß Estragon und Wladimir ihn für Godot halten. „Pozzo illustriert die Sinnlosigkeit der Tyrannei, er hat ein krankhaftes Bedürfnis nach Achtung und Aufmerksamkeit, und es bereitet ihm Freude, vor einem Auditorium zu deklamieren und seine Macht über Lucky zu zeigen."
Im zweiten Akt ist Pozzo blind und dadurch abhängig von Lucky: der Herr kann ohne den Knecht nicht mehr auskommen, der Tyrann ist nichts ohne den Tyrannisierten.

d) **Lucky:** Lucky, der senile Intellektuelle, der sein Wissen vergessen hat und nur noch wirre Reste davon zusammenhanglos von sich geben kann, verschreckt, ängstlich, hörig, willfährig, schleppt sinnlos schweres Gepäck (Sand!!) und die Peitsche, mit der Pozzo ihn schlägt: er ist der unterwürfige Sklave, läßt sich alles gefallen. Die Leine bindet Lucky an Pozzo als auch Pozzo an Lucky.

DER AUFBAU DES STÜCKES „WARTEN AUF GODOT“

„Warten auf Godot“ nennt sich „ein Stück in zwei Akten“. Die Gleichförmigkeit beider Akte ist evident. Betrachtet man sie näher, so ergibt sich jedoch, daß der zweite Akt seinem Inhalt nach um einen Grad negativer und hoffnungsloser ist als der erste.

Was aber nicht gleich ins Auge fällt, ist die innere Ausgeglichenheit der „Szenenfolge“ beider Akte, die im Aufbau sichtbar werdende Symmetrie, die als stabilisierte Harmonie der Disharmonie der Aussage des Stückes zuwiderläuft. Wir machen sie an folgendem Schema deutlich:

Jeder Akt gliedert sich in sechs Szenen (die im Druckbild des Textbuches selbst nicht sichtbar werden).

	Erster Akt	**Zweiter Akt**
1. Szene:	Pantomime: Estragon (E) versucht seinen Schuh auszuziehen.	Pantomime: Wladimir (W) läuft dauernd hin- und her.
2. Szene:	E + W	W + E
3. Szene:	E + W + P + L	W + E + P + L
4. Szene:	E + W	W + E
5. Szene:	Der Junge	Der Junge
6. Szene:	E + W	W + E

Die Umstellung von E + W bzw. W + E zeigt, daß Estragon im ersten, Wladimir im zweiten Akt ständig auf der Bühne und die beherrschende Figur ist.

Auch die Personengruppen zeigen in ihrer Anordnung, daß dem Stück eine gewisse „klassische Harmonie“ der Darstellung eigen ist: man vergleiche etwa die Zuordnung der Personen und die Reihenfolge ihrer Auftritte in Goethes „Iphigenie“. Es ergibt sich folgendes Schema:

Personengruppen:

2	2	1
(E + W)	(P + L)	(Junge)

Wie in der Zahl der Akte, im Text der Dialoge, in den das Stück kennzeichnenden Wiederholungen wird das Spiel „Warten auf Godot“ somit von einem charakteristischen Zweitakt beherrscht, der sich dem Zuschauer oder Leser unentwegt einprägt.

„WARTEN AUF GODOT“ IM URTEIL DER LITERATURKRITIK

WER IST GODOT?

Wer ist Godot? Warum warten die beiden Arbeitslosen auf ihn? Er ist ein Gutsbesitzer mit weißem Bart, der seine Schafe und Ziegen von Jungen hüten läßt, denen er einigermaßen gut zu essen und im Speicher im Heu Schlafplätze gibt und von denen er den einen schlägt. Soviel sagt jedenfalls der kleine Junge im Verhör über ihn aus. Wladimir ist gespannt auf Godots Antwort; denn er und Estragon haben eine Bitte an ihn gerichtet, eine Art Gesuch. Godot hat vorläufig geantwortet, er werde sehen. Die beiden („on“) haben keine Rechte ihm gegenüber mehr, da sie sie „verschleudert“ haben; es bleibt ihnen nur der Weg des Gesuchs. Sie sind nicht oder – wie Wladimir verbessert – noch nicht an ihn gebunden; aber ihre Abhängigkeit geht dennoch schon so weit, daß nicht zu warten einer Revolte gleichkäme und bestraft würde. Alle Hoffnung ruht in ihm; bei ihm gibt es Wärme, Nahrung, Arbeit, Unterkunft. Selbstmordabsichten sind hinfällig, solange nur Aussicht besteht, daß er sie empfängt und für sie sorgt. Godot mit seinen Schafen, Godot mit dem weißen Bart ist ein Bilderbuch-Lieber-Gott. Und viele Interpreten sehen Gott in ihm, den Gott, der nicht kommt, oder den Gott, auf den man trotz aller Enttäuschung weiterhin wartet. Der Name Godots hat sie dazu gereizt, ihn in Zusammenhang mit Gott zu bringen. Die französische Diminutivendung – ot an das englische Wort für Gott angehängt, sollte also eine Mischung aus Gott und Charlie Chaplin (französisch Charlot) bedeuten. Oder aber man nimmt direkt eine umgangsirische Form „Godo“ für „God“ an. Man hat auch etymologische Forschungen in der französischen Sprache unternommen und den Namen in Zusammenhang gebracht mit den umgangssprachlichen bis vulgären Wörtern „godailler“ (viel essen und trinken), „godenot“ (böser kleiner Mann, nicht in den Petit Larousse aufgenommen), „godichon“ (linkisch, ungeschickt), was auf einen bösen und dummen Godot deuten würde. Beckett selbst hat zu R. Blin gesagt, er habe an „godasse“ und „godillot“ gedacht, vulgärumgangssprachliche Wörter für Stiefel, Schuh, was immerhin einen Sinn gibt, da Estragons Schuhe eine Rolle spielen. Da Beckett schließlich Freund und Schüler von Joyce war, schien es berechtigt, vor allem literarisch Anspielungen zu suchen. Man stieß in einem Stück von Balzac auf eine Person Godeau, die immer erwartet wird. Schließlich gibt es den Namen Godeau auch bei Jouhandeau. Gegenüber diesen zum Teil weit hergeholten Anklängen ist der Anklang an „God“, ernst oder ironisch oder rein spielerisch, doch noch wahrscheinlicher. Mag Godot seinen Namen ruhig von Gott ableiten, er bleibt dennoch eine unbestimmte höhere Macht. Man darf auch Becketts eigenes Wort nicht als „boutade“ verstehen, sondern als Zurückweisung jeder einseitigen Interpretation, wenn er sagt, daß ihm der Titel „en attendant“ viel wichtiger gewesen sei als der Name. Der Name ist nicht so wichtig, auf das Warten kommt es an. Gessner geht vielleicht etwas zu weit, wenn er schreibt: „Im Begriff ‚Godot‘ liegt nämlich nicht mehr als dasteht ... Es ist also nicht Gott, es ist auch nicht der Erlöser, auch nicht das Transzendente schlechthin. Es ist ein Begriff. Nicht mehr und nicht weniger.“ Gemäßigter drückt sich Janvier aus: „Godot est le nom de l'attente. / Godot ist der Name für das Warten.“ Das Thema des Stückes ist nicht irgendein Godot, sondern das Warten. (Konrad Schoell)

Godot – das ist Gott. Erkennen Sie darin denn nicht die Wurzel „God“, die der Autor seiner Muttersprache entnommen hat? Godot – das ist das irdische Ideal einer besseren sozialen Ordnung. Erhofft man sich von ihm nicht Nahrung und Kleidung und die Aussicht, nie mehr geschlagen zu werden?
Oder Godot – das ist der Tod: man hängt sich am nächsten Tag auf, wenn er nicht von selbst kommt.
Godot – das ist die Stille; man muß sprechen, während man auf sie wartet, um dann schließlich das Recht zum Schweigen zu haben.
Godot – das ist dieses unerreichbare Ich, das Beckett durch sein ganzes Werk hindurch verfolgt, immer in der Hoffnung, daß – „dieses Mal vielleicht, wird es da sein, endlich.“
Godot – das ist die Person, auf die zwei Landstreicher an einem Straßenrand warten und die nicht kommt. (Alain Robbe-Grillet)

Das Gefühl der Ungewißheit, das uns bei der Betrachtung von „Warten auf Godot" überkommt, das Flukturieren dieser Ungewißheit – bald glaubt man die Identität Godots feststellen zu können, bald wird man wieder enttäuscht –, macht eben das Wesen dieses Stückes aus. Das Bemühen, durch kritische Analysen ausfindig zu machen, wer Godot nun eigentlich ist, um dann eine präzise und eindeutige Interpretation des Stückes aufzubauen, wäre ebenso töricht wie der Versuch, aus dem Helldunkel Rembrandtscher Gemälde klare Konturen herauszuschälen, indem man die Farbe abkratzt. (Martin Esslin)

Wenn ich wüßte, wer Godot ist, hätte ich es im Stück gesagt. (Samuel Beckett)

DAS WARTEN AUF GODOT

Das Warten tritt an die Stelle der Handlung ... Das Warten muß ausgefüllt werden. Dies geschieht durch Reden und Spielen. Reden im Monolog, im Dialog oder zu zweit aneinander vorbei, reden, damit die Zeit vergeht, ist die typische Existenzweise dieser Beckett-Figuren. Das Spiel ist Clownsspiel, Nachahmespiel, Streit- und Versöhnungsspiel, ein Spiel der Illusionsdurchbrechung. Und in vielen unechten Dialogen wird das Reden selbst zum Spiel ... Der Dialog, der keiner natürlichen Kommunikation entspricht, muß immer wieder angeschoben werden, damit die Zeit, damit das Warten vergeht ... Aber sowenig zielgerichtet dieses Warten noch ist, es ist doch für die beiden Freunde der Ausweg, die Notlösung einer Lage, wo sogar der Selbstmord unmöglich geworden ist ... (Konrad Schoell)

Thema des Stückes ist nicht Godot, sondern das Warten, das Warten als ein wesenhaftes Merkmal menschlichen Seins. Unser Leben lang warten wir auf irgend etwas: Godot verkörpert das, worauf wir warten – sei es ein Ereignis, eine Person, ein Ding oder der Tod. Im Zustand des Wartens erleben wir das Verfließen der Zeit am reinsten und unmittelbarsten. Solange wir tätig sind, neigen wir

dazu, das Vergehen der Zeit zu vergessen; wenn wir uns jedoch im passiven Zustand des Wartens befinden, werden wir konfrontiert mit dem Gang der Zeit selbst ...
Dennoch leben Wladimir und Estragon von ihrer Hoffnung: sie warten auf Godot, dessen Ankunft dem Verfließen der Zeit Einhalt gebieten wird. „Heute abend schlafen wir vielleicht bei Ihm, im Warmen, im Trockenen, mit vollem Bauch, auf Stroh. Dann lohnt es sich zu warten. Nicht?" Diese Stelle läßt erkennen, was Godot für die beiden Landstreicher bedeutet: Frieden, Ausruhen vom Warten, das Gefühl, den Hafen erreicht zu haben. Dann werden sie keine Landstreicher, keine heimatlosen Wanderer mehr sein; dann wären sie daheim. (Martin Esslin)

Aus der recht guten Darstellung des Phänomens Samuel Beckett von Trudis Reber, auf die hier nachdrücklich verwiesen sei, zitieren wir einige Sätze:
„Samuel Becketts Originalität liegt zweifellos mehr in der Methode als im Inhalt seiner Dramen ... Thema des neuen theatrum mundi ist das Warten. „Warten auf Godot" erzählt nicht die Geschichte einer Partei und einer Gegenpartei, die durch den Dialog Handlungen hervorbringen, die zu einem Höhepunkt führen und anschließend zur Lösung des Problems. Becketts Stück erforscht eine statische Situation: Keiner kommt, keiner geht, es ist schrecklich." Es geschieht das Warten ...
Beim Erscheinen des Stückes galt die erste Überlegung der Kritiker im allgemeinen der Bedeutung Godots; denn wir lassen uns ja noch immer auf einen Theaterabend ein in der frommen Hoffnung, daß, noch ehe zwei Stunden um sind, wir mit einer Lösung konfrontiert worden sind, und sei es auch nur die Gestalt eines Mannes mit weißem Bart, mit Schafen und Ziegen. Und was hat man nicht alles in die Gestalt des Herrn Godots hineininterpretiert! Er sei Gott – oder die bessere Ordnung als die bestehende – oder das unerreichbare Ich der Romane Becketts – oder „der neue Mensch", auf den die beiden warten, statt ihn in sich selbst zu suchen – oder Pozzo, der sich nicht als Godot zu erkennen gebe – oder eine Fiktion der beiden Wartenden, die sie als Entschuldigung für ihr sinnloses Weitermachen brauchten. Abwechselnd wurde das Stück

als dadaistisches Nonsens-Drama, als existenzialistisches Manifest oder als Parabel vom sinnlosen Leben aufgefaßt, schreibt Seipel (S. 182). Außerdem ist von der Kritik festgestellt worden, daß es dem Autor offensichtlich nicht darum geht, Wladimir und Estragon Godot suchen und finden oder nicht finden zu lassen, sondern das Warten, und zwar das absurde, weil hoffnungslose Warten darzustellen.
Beckett hat die Kritik in dieser Auffassung bestärkt durch die Aussage, daß er sein Stück zuerst nur „En attendant" habe nennen wollen. Ironisch gab er den Schülern, die ihn fragten, wer Godot sei, zur Antwort, das habe er vergessen. „Warten auf Godot" ist so reich an Motiven, daß es viele Deutungen zuläßt, und das ist echte Dichtung! Es ist, wie Becketts gesamtes Werk, eine Dichtung über Zeit und Vergänglichkeit, über menschliche Schuld, über „Alle, die da fallen", um den leitmotivischen Titel von Becketts Hörspiel zu gebrauchen, über die Rätselhaftigkeit dieser Schuld und damit der Existenz, über das Paradoxe von Wechsel und Dauer und letztlich über die Möglichkeit des zwischenmenschlichen Bezugs. Nur die Erkenntnis des Nichts als der einzigen Realität kann den Menschen von der sinnlosen Jagd nach einem Ziel abhalten. Nur diese Erkenntnis wird dann auch die emsige Tätigkeit von Pozzo und Lucky zu einem Ende kommen lassen. Die beiden Vagabunden haben ihren Sinn gefunden im Spiel. Sie benötigen keine Handlung mehr im Sinne von zielgerichteter Aktivität. Denn daß Godot nicht kommen wird und daß sie sich nicht aufhängen werden, ist eindeutig. Obwohl sie beide manchmal zugeben, daß es besser wäre, sich zu töten, obwohl sie sich gestehen, daß sie des öfteren anfingen, „weich zu werden", retten sie ihr Programm:

Wladimir. Wir sind unerschöpflich.
Estragon. Um nicht denken zu müssen.
Wladimir. Wir haben Entschuldigungen dafür.
Estragon. Um nicht hören zu müssen.
Wladimir. Wir haben unsere Gründe.

Eindeutig ist auch, daß die beiden Vagabunden gerade noch Repräsentanten der „Sippschaft Mensch", aber bereits mit dem

Stigma der „Outcasts" gekennzeichnet sind. Was sie so menschlich macht im positiven Sinne, ist die Tatsache, daß sie allen konventionellen menschlichen Ballast hinter sich gelassen haben. Sie haben einen Modus des Zusammenlebens gefunden. Sie können weitermachen, weil sie sich haben. Ihre Witze waren auch schon einmal besser, sie finden aber immer wieder Variationen desselben Reportoires: „Menschsein"! Clownsspiele in einer absurden Situation, nennt Hensel sie. Und das ist die Handlung der grotesken Parabel von „Warten auf Godot." Die Komik entspringt der absurden Situation: warten, obschon die Erwartung sicher getäuscht wird; nicht aufhören können, obschon es nichts mehr zu sagen oder zu tun gibt. Das ist tragisch und komisch zugleich und rechtfertigt die Bezeichnung „Tragikomödie".

„Warten auf Godot" ist eine Parabel. Ein Stück ohne jede Handlung, ohne jegliche Entwicklung. Zwei in ihrem beruflichen und sozialen Stande völlig unerkennbare Männer unbestimmbaren Alters, Wladimir und Estragon geheißen und allenfalls als Vagabunden zu bezeichnen, warten auf einer Landstraße auf Godot. Am Schluß jedes der beiden Akte kommt ein Botenjunge, dem Barnabas aus Kafkas „Schloß" vergleichbar, und teilt ihnen mit, daß Godot heute leider nicht kommen könne; bestimmt käme er morgen. Was Godot bedeutet, haben zahllose Kommentatoren des Stückes herauszufinden versucht, wobei so extrem widersprüchliche Deutungen wie „Tod" oder „Gott" – das englische Wort „god" scheint sich in der Tat in dem Namen Godot zu verbergen – nebeneinander aufgetreten sind. Godot ist je nach der Stimmung der beiden permanent in einer total sinnlosen Situation verharrenden negativen Helden entweder eine tröstliche Hoffnung oder eine schreckliche Gewißheit. Oberflächlich gesehen, mag man sie für Nihilisten halten; indessen sind sie es keinesfalls, da sie ja noch hoffen oder erschrecken können, also an eine übergeordnete Macht, sei sie rettend oder vernichtend, glauben. Sie sind in all ihrer Erbärmlichkeit – einer tragisch-grotesken Erbärmlichkeit übrigens, die viel innere Verwandtschaft mit dem frühen Chaplin hat – noch schäbige Allegorien des Menschlichen, während ihre Gegenspieler Pozzo und Lucky Allegorien der äußersten Entstellung des Menschlichen, der vollkommenen Gemeinheit (Pozzo) und des vollkommenen Elends (Lucky) sind. Der zweite Akt des seltsamen, obwohl tiefste Verwirrung und selbst Entsetzen wie auch, von den schauspielerischen Möglichkeiten her gesehen, komödiantisches Behagen verbreitenden Stückes ist eine nur geringfügig variierte Wiederholung des ersten – ein Kunstgriff, um die Unveränderlichkeit der Situation der beiden Helden darzustellen, den „Stillstand" der Zeit (und entsprechend die Neutralisierung des Raums), die nicht mehr weitergeht, die nur noch „vertrieben" werden kann. Mit einer wahrhaft diabolischen Ironie stellt Beckett, dem das irische Erbteil eines äußerst beunruhigenden Humors zuteil wurde, im Wladimir und Estragon Menschen dar, die gar nichts mehr haben außer Zeit, deren einzige Beschäftigung das Warten ist und die darum die stagnierende Zeit dadurch zu vertreiben suchen, daß sie spielen, sie hätten keine. Um des Zeitfressens willen – denn sie wissen nicht, daß die Zeit sich nicht fressen läßt – erfinden sie sinn- und belanglose „Handlungen" und zelebrieren sie, durch die der vom modernen Zeitmangel zugrunde gerichtete Zeitgenosse sich mühsam und mißmutig durchhetzt, wie kultische Spiele. Und auf dem Grunde ihres ganz und gar sinnlosen Daseins schimmert diese Fähigkeit zum Spiel doch noch wie ein Trost.

Vielleicht haben diejenigen Kommentatoren und Kritiker recht, die meinen, daß es in diesem durchaus singulären Bühnenwerk letztlich um religiöse Dinge geht. (Reclam)

Und du wartest, erwartest das Eine,
das dein Leben unendlich vermehrt;
das Mächtige, Ungemeine,
das Erwachen der Steine,
Tiefen, dir zugekehrt.

(Rainer Maria Rilke)

DIE KOMMUNIKATIONSLOSEN MONO-DIALOGE

Becketts Dramen, die in Handlung und Gestik so sparsam und doch so effektvoll sind, zeichnet eine nicht weniger bemerkenswerte Sprache aus. In „Warten auf Godot" hat die Sprache vor allem die Aufgabe, die Vorstellung des Wartens und der Langeweile, die Themen des Stückes sind, zu vermitteln ... Ferner dient die Sprache dazu, den Eindruck einer unendlichen Wiederholung derselben Sequenzen mit nur leichten Variationen zu erzeugen, indem häufig dieselben Worte benutzt werden.

(John Fletcher)

Zielgerichteter dramatischer Dialog ist in „Warten auf Godot" selten. Viel häufiger sind Fügungen von knappen Fragen und Antworten zur reinen Information ... Der Dialog führt oft nicht weit. Oft reden die Partner aneinander vorbei. Aus dem Dialog gehen oft Monologe hervor. Da der Dialog keiner natürlichen Kommunikation entspricht, muß er immer wieder angeschoben werden.

(Konrad Schoell)

Becketts Sprache bewegt sich zwischen Eventualität und Negation. „Vielleicht", „ich glaube", „ich bin nicht sicher" sind die einleitenden Worte, welche stets die Fragwürdigkeit der darauffolgenden Aussage implizieren. „Aber", „jedoch", „oder" leiten Sätze ein, die einen im Vorsatz als wichtig hingestellten Inhalt unmittelbar relativieren. Schließlich beherrscht die lakonische Negation das Feld.

(Danae Coulmas)

Die Wiederholung ist ein charakteristisches Phänomen: der Ausdruck „Nothing to be done" findet sich viermal, dreimal weigert sich Wladimir, Estragons Traum anzuhören und der Rübenstreit findet zweimal statt – je einmal in jedem Akt, denn die Verdoppelung ist eine häufig zu beobachtende Stileigentümlichkeit Becketts. In ‚Godot' hat sie eine grundlegende Funktion: Pozzo ist im ersten Akt eitel und eingebildet, im zweiten Akt blind, Lucky, der „thinker", wird stumm, aber „the essential doesn't change", wie Wladimir sagt, denn die beiden warten weiter vergeblich auf Godot, der

Junge (sofern es derselbe ist) bringt jedesmal dieselbe Nachricht. Und jedesmal planen Wladimir und Estragon halbherzig, sich am nächsten Tag zu erhängen, und die beiden Akte enden in genau derselben Weise, nur daß die Rollen vertauscht sind:

Estragon. Nun, sollen wir gehen?
Wladimir. Ja, laß uns gehen.
Sie rühren sich nicht von der Stelle.
Wladimir. Nun? Sollen wir gehen?
Estragon. Ja, laß uns gehen?
Sie rühren sich nicht von der Stelle.

Die leichte Variation, die durch diesen Rollentausch erreicht wird, ist bedeutsam; am Schluß des ersten Aktes ist es Estragon, der sich am nächsten Tag erhängen will, während es am Schluß des zweiten Aktes Wladimir ist, der sagt: „Wir werden uns morgen erhängen", wobei er als Optimist hinzufügt: „Außer wenn Godot kommt." Zahlreiche andere – zumeist leicht modifizierte – Beispiele dieser Verdoppelung lassen sich in dem Stück finden, so daß jene asymmetrische Struktur entsteht, die seinen Reiz ausmacht.
(John Fletcher)

DIE CLOWNERIEN IN „WARTEN AUF GODOT"

Pantomimische Einlagen und Clownerien sind wesentliche charakteristische Elemente des Stückes „Warten auf Godot". Clownsstückchen sind Estragons Versuche, seinen Schuh auszuziehen, das Fallenlassen der Hose, Wladimirs Bemühung, aus seinem Zylinder einen Floh herauszuklopfen, Wladimirs und Estragons Tausch-Spiel mit ihren Hüten und Luckys Hut, die Umfallszenen, die Rangeleien auf dem Boden, wobei alle übereinander liegen, Pozzos Suche nach seiner Taschenuhr, bis er schließlich das Ticken in seiner Westentasche hört und vieles andere. Alle diese Clownsspiele sind Zeitvertreibspiele, sind Zirkusstücke, Varieténummern, die der Unterhaltung dienen. John Fletcher meint: „Der

Beckettsche Held ist eine Art Clown, der Worte benutzt und Gesten vollführt, die amüsieren sollen, um die Zeit totzuschlagen. Aber er will nicht, wie der echte Clown, die anderen amüsieren, sondern die eigene Langeweile vertreiben; er schauspielert nur für sich selbst."

Clownsmanieren sind auch die gelegentlich verübten Grausamkeiten und Schlägereien; so wenn Fußtritte verteilt werden, Ohrfeigen und Schläge angedroht werden.

Auch die Art der Fortbewegung ist Clownsart: Wladimir läuft wegen seiner Plattfüße mit auswärts gesetzten Füßen und weitgespreizten Beinen umher, Estragon stöhnt und stolpert herum und fällt über die eigenen Beine.

Daß auch die Konversation oft typische Zirkussprache ist, wurde schon bemerkt. So vor allem die typischen sich ergänzenden Wortwechsel zwischen Wladimir und Estragon, wobei immer einer von beiden versucht, das letzte Wort zu behalten. Zwei Beispiele:

Wladimir. Reizender Abend heute.
Estragon. Unvergeßlich.
Wladimir. Er fängt erst an.
Estragon. Es ist schrecklich.
Wladimir. Schlimmer als eine Pantomime.
Estragon. Der Zirkus.
Wladimir. Das Varieté.
Estragon. Der Zirkus. (Schweigen.)

– – –

Estragon. All die toten Stimmen.
Wladimir. Die rauschen wie Flügel.
Estragon. Wie Blätter.
Wladimir. Wie Sand.
Estragon. Wie Blätter. (Schweigen.)

Typisch sind auch die sich ergänzenden, den anderen bestätigenden Sätze, die denselben Gedanken – einem Ballspiel gleich – in leicht abgewandelter Form hinüber- und herüberspielen. Ein Beispiel:

Estragon.	Sobald man Bescheid weiß.
Wladimir.	Kann man sich gedulden.
Estragon.	Weiß man, woran man sich halten soll.
Wladimir.	Kein Grund mehr zur Unruhe.

Selbst die Physiognomie der Gestalten Becketts ist die der typischen Clowns. In der Inszenierung des Düsseldorfer Schauspielhauses trugen die beiden Landstreicher runde schwarze Hüte (Melonen), erschien Pozzo glatzköpfig und Lucky mit langen, seitwärts herabhängenden Haaren und einer riesigen Nase. Die Schminkanweisung Becketts für Hamm und Clov im „Endspiel" schreibt ausdrücklich für sie ein sehr rotes, für Nell und Krapp ein sehr weißes Gesicht vor.
Mimik, Gestik und das Jonglieren mit Gegenständen und Worten sind entscheidende szenische Elemente sowohl in „Warten auf Godot" wie im „Endspiel".

— — —

Der Clown ist weder tierisch ernst noch zynisch; sondern von einer Traurigkeit, die, da sie das traurige Los der Menschen überhaupt abspiegelt, die Herzen aller Menschen solidarisiert und durch diese ihre Solidarisierung erleichtert. Daß keine Figur unseres Jahrhunderts so viel Dankbarkeit erregt hatte wie die jämmerliche des frühen Chaplin, war kein Zufall. Die Farce scheint zum Refugium der Menschenliebe geworden zu sein; die Komplizenhaftigkeit der Traurigen zum letzten Trost. (Günther Anders)

Der Clown ist das Schlüsselwort für den Theaterbesucher, der auf der Bühne kein philosophisches Seminar erwartet und den bei Beckett auf der Bühne Clowns erwarten. Kein Zweifel, „Warten auf Godot" ist ein religiöses Stück, wenn auch kein christliches: es stellt unablässig Fragen nach dem Sinn des Daseins, und es beantwortet sie hartnäckig nicht. Wladimir und Estragon sind wie so mancher getaufte Christ: der Glaube an den Gott der Bibel ist dahin; ein paar biblische Bilder, ein Rest biblischer Sittlichkeit und das Gefühl der Abhängigkeit von etwas Ungewissem sind geblieben; die Tage vergehen wie leeres Geschwätz, und auch die Arbeit ist nicht mehr als Schuhe an, Schuhe aus, Hut auf, Hut ab; Spiel mit dem Selbstmord, mit dem nie Ernst gemacht wird – und irgendwo verborgen ein bißchen Hoffnung, das Ungewisse könne hereinbrechen und von dieser Trostlosigkeit erlösen.

„Warten auf Godot" macht den weitverbreiteten Zustand zwischen Glauben und Nichtglauben, der dem glaubensbedürftigen Menschen das Leben als sinnlos erscheinen läßt, auf der Bühne sinnfällig. Das Gleichnis trifft mit Wladimir und Estragon Spielarten derer, die, auf irgendeinen Ersatzgott Godot wartend, auf daß er ihnen den Sinn ihres Daseins erschließe, mit sich selbst spielen, und es trifft mit Pozzo und Lucky Spielarten derer, die ohne Beziehung zu irgendetwas Jenseitigem die Sinnfrage gar nicht erst stellen und die Brutalitäten des Daseins als ein selbstverständliches Spiel im Gange halten.

So unbezweifelbar abstrakt die Figuren Becketts sind, abgezogen aus einem erfahrenen religiösen Verhältnis oder auch Mißverhältnis – so konkret spielen sie auf der Bühne im Fleische der Vagabunden, der Clowns: auf die Gretchenfrage lauter Antworten auf zwei Beinen. Wenn in der Manege der große Clown aus dem herzzerreißenden Scheitern das Gelächter der Zuschauer schlägt, so zerreißt Beckett, indem er seine scheiternden Menschen auf der Bühne als Manegenclowns zeigt, das Herz der Zuschauer.

Wie komisch und wie entsetzlich, wenn sie sich mit Hilfe der Kordel erhängen wollen, die Estragon um den Leib trägt, und nun die Kordel reißt und wie im billigsten Zirkus Estragons Hose bis auf die Knöchel rutscht: Tod aus Verzweiflung mündet in den dümmsten Spaß des dummen August – sie wollen ihr Leben verlieren, und sie verlieren nur die Hose.

Beckett unterscheidet die rationalen, sinntragenden Sätze, in denen die Clowns als leidende Menschen plötzlich aus ihrer Clownsrolle hervortreten, und die Sätze, die in ihrer Kombination Wortpantomimen ergeben: sie werden von den Clowns wie Bälle hin- und hergeworfen, und sie werden aufgefangen, wenn man es nicht vermutet, und fallengelassen, wenn man es nicht erwartet. Mit ihnen halten sie das „Spiel" des Daseins im Gange ... Sie tun so, als täten sie so – sie spielen so, als spielten sie nur so, aber es ist ihnen bitterernst ... Wenn die Scheintätigkeit aufhört und wenige Sekunden lang nichts anderes getan als gewartet wird, dann wird im Schweigen, in der „Pause“ die Verzweiflung laut. Die „Pause“ ist ihr Feind: die Pause zwischen Geburt und Tod muß mit dem „Spiel“ gefüllt werden.

(Georg Hensel)

DIE DENKPARODIE IN „WARTEN AUF GODOT“

„Warten auf Godot“ enthält eine der ernsthaftesten Denkparodien der Weltliteratur. Lucky, Pozzos „Knecht“, erhält zur Erheiterung von Gogo und Didi, die auf Godot warten und sich langweilen, den Befehl zu denken. Dieser Vorgang ist nur mechanisch einzuleiten, und zwar indem man Lucky einen Hut auf den Kopf setzt. Luckys Denken ist eine Verhöhnung des Denkens, das auf religiösen Voraussetzungen fußt. Es ist zugleich eine Parodie eines diskursiven, logischen, pedantisch-akademischen Denkens, das ad absurdum geführt wird. Diese Rede besteht aus Satzfetzen ohne Interpunktion, die durch sinnlose Lautbildungen oder durch höhnische Abwandlungen unterbrochen werden. Darüber hinaus wird der Hinweis auf geistige Arbeiten klar, die den Anspruch von Gültigkeit erheben, obwohl sie oft nicht beendet werden; zu ihnen gesellen sich Ausdrücke aus dem Arsenal wissenschaftlicher Selbstsicherheit ... Es gibt aber einen unmißverständlichen Inhalt, eine regelrechte Aussage: „der Mensch ist im Begriff abzumagern.“ Er schwindet dahin. Der Inhalt des gesamten Werkes, die Reduktion des Menschen, ist hier antizipiert.

(Danae Coulmas)

Der wichtigste und auffälligste Teil in der Pozzo-Lucky-Szene ist jener, da Pozzo seinem Knecht befiehlt zu denken und zu sprechen. Es fällt hierbei der herabwürdigende Ton auf: „Denke, Schwein ... denke!“ Lucky beginnt einen endlos langen und monotonen Vortrag, der sich aus verworrenen und unzusammenhängenden Sprachfetzen, vor allem aber aus philosophischen, theologischen, psychologischen, anthropologischen, naturwissenschaftlichen Fachausdrücken zusammensetzt. Er spricht nicht wie ein Arbeiter, sondern wie ein Intellektueller. Indem der Herr sich alles unterordnet, auch das Denken, selbst die Wissenschaft und Philosophie, sind die Träger dieses Denkens seine Knechte. Ja noch mehr als das. Weil der Denkende die Welt dem Herrn erst wahrhaft verfügbar macht, ist seine Unterwerfung unter den Willen des Herrn perfekt, ist er der eigentliche Knecht dieser Welt und ihres Herrn. Der Dichter erfaßt hier offenbar ein bedeutendes (und gerade in unserer Zeit sehr aktuelles) Problem, nämlich das des „Knechtdaseins" (und der Unterdrückung) des modernen Intellektuellen.

(Leo Kofler)

In ironischer Anspielung auf einen billigen Optimismus heißt der alte Lastenträger in Becketts „Warten auf Godot" Lucky, der Glückliche. Er schleppt sich mit dem Gepäck und dem Klappstuhl des rätselhaften Pozzo, wird mit der Peitsche angetrieben, fällt immer wieder hin und kann sich nur aufrecht halten, wenn er zu tragen bekommt. Er schläft viel, und sein tyrannischer Herr empfiehlt, ihn mit Fußtritten zu wecken, gewiß aus Grausamkeit, aber auch, weil er aus sagenhaft langer Erfahrung weiß, wie der Diener zu behandeln ist, den er los sein will, aber nicht los wird, der ihn ärgert und aufregt, auf den er aber doch gewisse Rücksichten nimmt. Daß Herr und Diener zusammen alt werden, einander brauchen und sich gerade deswegen nicht leiden können, das kommt auch im Leben vor, und solches Auseinanderstreben und Einander-doch-nicht-entbehren-Können bekunden alle Beckettschen Paare, die Haßliebe jeder menschlichen Beziehung wird darin zum Ausdruck gebracht. Ein Teil ist immer der geistig Überlegene, der Denker, der Rechner, der Erinnerung besitzt, während der andere wünscht und vergißt. Lucky aber kann denken und rechnen oder konnte es doch einmal, und es scheint nicht einmal, daß sein Herr ihm das beigebracht hatte und sein Meister gewesen ist. Er ist heruntergekommen, auf den Hund, dem man die Knochen zuwirft, der aber auch einmal nicht fressen will, den man peitscht und tritt, der aber auch einmal, unberechenbar böse, sich wehrt. Pozzo entschuldigt ihn gelegentlich, er weiß, daß Lucky zu anderem bestimmt war, weiß es am besten, weil er das andere noch miterlebt und seinen Nutzen daraus gezogen hat. Daß Lucky früher gesungen und getanzt und ihn damit unterhalten habe, erzählt Pozzo den Landstreichern Wladimir und Estragon, ärgerlich über den Tanz, den der Diener gerade zum besten gibt. Die Zuschauer sollen erraten, wie er ihn nennt, und raten auf den „Tod des armen Schluckers" und das „Krebsgeschwür der Greise", was freilich auch nicht zu vergleichen wäre mit den heiteren klassischen Tänzen, den Sarabanden, Fandangos und Giguen, die Lucky früher auszuführen verstand. Pozzo lehnt die Bezeichnungen ab, er weiß, was Lucky ausdrücken will, nämlich daß er sich in einem Netz verfangen hat und vergeblich versucht, sich aus den Maschen zu befreien. In der Reihenfolge, die Pozzo scherzhaft als die natürliche bezeichnet, wird Lucky danach zum Denken veranlaßt, wobei das Clownspiel mit den Hüten in einer neuen Variante ausgeführt wird. Ohne seinen Hut scheint Lucky zum Denken nicht fähig zu sein. Er ist es auch mit dem Hut auf dem Kopf nicht, oder nicht mehr. Was er da eintönig gleichgültig herleiert, sind nur Trümmer, sinnlos durcheinandergefallene Bruchstücke einer Gedankenkette, die auch in Ordnung gebracht nichts Besonderes ergeben würde, nur einen von den Aussagen vieler Gelehrter gestützten, aber nie durchgeführten Beweis, daß leider, leider, trotz des Sports der menschliche Kopf – man begreift nicht einmal, was dem geschehen ist, eine Herabminderung auf jeden Fall. Die im blödsinnigsten Gelehrtenjargon hervorgebrachte Geschichte gescheiterter Hoffnungen und aufgegebener Versuche, die Lucky am Ende, von den erbosten Zuhörern angegriffen, wie ein Hund herausheult, kommt zum Schweigen, als Pozzo dem Lucky seinen Hut wegnimmt und ihn mit Fußtritten zerstört.

(Marie Luise Kaschnitz)

Zu dem Problem der Unterdrückung, Versklavung und Ohnmacht des Intellektuellen in einem totalitären Regime, in einer Diktatur vergleiche auch Max Frischs Drama „Die Chinesische Mauer". Näheres hierzu in Band 221 von „Königs Erläuterungen", C. Bange Verlag, Hollfeld/Obfr.

AUS EINER LITERATURSOZIOLOGISCHEN BETRACHTUNG DER POZZO-LUCKY-BEZIEHUNG

Die stupende Fähigkeit Becketts, verwickelte gesellschaftliche Beziehungen in drastisch-lapidare parabolische Bühnenanschauung zu übersetzen, erweist sich vor allem an der Darstellung der Beziehung Pozzo – Lucky. Die alte, gewissermaßen zeitlose Allegorie, darstellend das soziale mysterium iniquitatis, den Unterschied von reich und arm, von Herr und Knecht, wird mit Zügen versehen, die die Aktualität auch dieser Konfiguration deutlich machen. Da bemerkt man etwa in dem Mechanismus, der Luckys Unterdrückung bewirkt, das Moment einer typisch frühkapitalistischen Ausbeutung, die sich unter anderem auf die Tatsache der „proletarischen Reservearmee" gründet.

Zugleich – da Lucky wohl auch die Schicht der Intellektuellen bzw. den kulturellen Überbau insgesamt mit repräsentiert – ist damit auf den vom Odium der Nutzlosigkeit permanent bedrohten und entsprechend beflissenen Dienst des Geists an der Macht angespielt. Pozzos unglaubliche Roheit gegen Lucky spiegelt überdies eine sehr moderne Geist-Verachtung wider. Freilich: Für Beckett hat auch die Welt des Geistes völlig abgewirtschaftet. Nicht einmal zu einer überzeugenden Schaustellung, einer Vorführung reicht es noch bei Lucky; er bringt nur noch ein fürchterliches Gekrächz wie von einer alten, ruinierten Schallplatte zustande.

Die paradoxe Pointe in der Pozzo-Lucky-Konfiguration ist die Irreversibilität der Herrschaft-Knechtschaft-Beziehung bei gleichzeitiger Entleerung dieser Beziehung, in der das Moment der Auseinandersetzung völlig fehlt. Luckys „Arbeit" hat absolut keinen Sinn; die Koffer, unter deren Last er fast zusammenbricht, enthalten – Sand. Am Ende ist Pozzo blind, Lucky ist stumm. Nichts aber hat sich an ihrer Beziehung zueinander geändert. Der Stumme reicht dem Blinden die Leine, mit der er an ihn gefesselt ist. So grausam-unausweichlich die gegenseitige Abhängigkeit ist, sie ist gleichwohl Spiel, Zufall. Pozzo, in dem Punkt ein aufgeklärter, durchaus moderner „Herr", hat von jener Entleerung der sozialen

Rollenverteilung ein deutliches Bewußtsein: „Bedenken Sie, daß ich in seiner Haut stecken könnte und er in meiner. Wenn der Zufall es nicht anders gewollt hätte. Jedem das Seine."
Mit anderen Worten: die aufklärerische Gleichheitsidee hat sich, als Theorie, durchgesetzt; aber die gesellschaftliche Praxis, in der die alte Maxime „Jedem das Seine" zur Rechtfertigung einer zynischen Weltordnung bemüht wird, hat von jener Theorie keine Notiz genommen.

(Franz Norbert Mennemeier)

BECKETTS STATISCHES THEATER

Becketts Theater ist statisch, ein Theater der Situation. Ohne Entwicklung einer Handlung, ohne logische Auflösung von Konflikten, ohne Konflikt, auch ohne realistische Personen oder Charaktere – die üblichen Träger von Handlung und Konflikt – ist Becketts Theater die Neigung herkömmlicher dramatischer Kunst wie jedes andere dramatische Werk des Absurden. Robbe-Grillet nannte es in einem frühen Aufsatz antitheatralisch. Er sah in Becketts „En attendant Godot" und „Fin de partie" ein Theater der Abwesenheit. Mit Abwesenheit ist hier nicht wie bei Nathalie Sarraute die „absence de soi-même" (Abwesenheit von sich selbst) gemeint, der Grundzustand des homo absurdus, wie man denken könnte, sondern zunächst die Abwesenheit überhaupt: des anderen, auf den man wartet, das Nichteintreten dessen, worauf man wartet. Somit charakterisiert Robbe-Grillet die Grundsituation von Beckett-Theater, ohne in diesem konstanten Warten wie üblich die Verzweiflung des Menschen zu erblicken: „Dieses Warten (. . . .) ist weder Hoffnung noch Angst, nicht einmal Verzweiflung. Es ist bloß ein Alibi". Hier steht das Warten als Alibi dafür, daß man nichts unternimmt, nicht einmal den Tod gewaltsam herbeizuführen versucht.
Die theatralischen Umstände, unter denen diese Situation „gespielt" wird, sind so unverbindlich, daß auch die letzten anerzogenen Ansprüche des Zuschauers auf einen das Verständnis er-

leichternden Realismus enttäuscht werden. Die Zeit ist unbestimmt, sie stagniert oder bleibt, obwohl sie im Dialog oder Monolog zwangsläufig vergeht, absurd, da ihr Lauf kaum einen Einfluß auf das hat, was gespielt wird. Der Raum ist unwirtlich, man hat gesagt leer, was nicht stimmt. Becketts Bühne ist im Gegensatz zu einer ganz nackten Bühne, die der Zuschauer in der Phantasie nach Vermögen und Belieben ausstatten kann, doch mit einigen Gegenständen versehen und stellt etwas dar. Auf den Brettern steht jeweils ein Tisch, ein Baum, ein Stuhl, ein Stein, die berühmten Mülltonnen in „Fin de partie", die drei Todesurnen in „Play". Es gibt wenige, kleine Fenster, wenige Türen. Das Licht ist sehr stark oder grau, ohne Nuancen, Abtönungen, Effekte. Sämtliche Stücke spielen vor jeweils einem Szenenbild, das bis zum Schluß fast unverändert bleibt. Der so geartete Raum verschafft die gleiche Illusion wie die scheinbar stillstehende Zeit, die Illusion, daß zwei der drei klassischen Einheiten bewahrt werden. Die dritte, die Einheit der Handlung, steht von vornherein nicht zur Debatte; der kahle Baum in „En attendant Godot", der im zweiten Akt Blätter bekommen hat, ist ein böser Streich Becketts, denn der Zuschauer, der gewohnt ist, jede Veränderung aufmerksam zu registrieren und sie mit einer Bedeutung zu versehen, muß zugeben, diese Veränderung hat keine, sie ist „absurd".

Was von der herkömmlichen Bühnenkunst bei einer solchen extremen Armut der szenischen Mittel noch übrig bleibt, ist der Dialog; das gilt zumindest für die frühen Theaterstücke. Am Anfang dieser Entwicklung steht noch das regelrechte Gespräch zweier Menschen. Diese beiden Menschen sind wie aneinandergekettet. Der übliche dramatische Konflikt zwischen zwei Personen schrumpft auf eine unmittelbare Reibung im Reden, im Redenmüssen. Es ist ein entscheidend von Aggressionen geprägtes Abhängigkeitsverhältnis: spielerisch zwischen Estragon und Wladimir und grausam zwischen Pozzo und Lucky („Warten auf Godot"), horrorartig zwischen Clov und Hamm („Endspiel").

(Danae Coulmas)

JENSEITS VON RAUM UND ZEIT

Die deutsche Bühnenanweisung zum Ersten Akt von „Warten auf Godot" lautet: „Landstraße. Ein Baum." Sie deutet eine noch größere Monotonie und Kargheit an als die französische Fassung: „Route à campagne, avec arbre." Der Ort der „Handlung" ist also ein ganz offener, nicht näher lokalisierter Raum, ein Raum, der die innere Leere des Daseins symbolisiert. „Die leere Bühne bei Beckett zeigt den Weltverlust seiner Personen an", sagt Konrad Schoell, und John Fletcher meint: „Die leere Bühne ist sowohl ein dichterisches Symbol wie eine bösartige Parodie traditionellen Theaters. Auf diesen Brettern des Unheils spielen die Schauspieler ihre lächerliche Rolle."

Im Zweiten Akt begegnet uns dieselbe „Szenerie", aber nun trägt der Baum einige Blätter. Man hat das als einen bösartigen Scherz Becketts bezeichnet, aber er scheint doch eher damit andeuten zu wollen, daß die Natur sich regt, daß sie noch nicht ganz abgestorben ist, daß noch Hoffnung besteht, Hoffnung auf das Leben, Hoffnung auf Godot. Im leeren Raum der Hoffnungslosigkeit regt sich etwas Organisches.

Ebenso wie es keinen näher bestimmten, umgrenzten Raum mehr gibt, gibt es auch keine Zeit mehr im normalen Sinne. Das Warten auf Godot vollzieht sich in einer unbestimmten, unbestimmbar langen Zeit, in einer Zeit, die in Zeitlosigkeit, in eine Ewigkeit übergeht. Damit diese Zeit, diese Ewigkeit nicht zu lange „dauert", wird sie von Estragon und Wladimir mit Spielen aller Art (auch „Rede-Spielen") ausgefüllt. So kommt es, wie Günther Anders sagt, zu einem „Sein ohne Zeit". Die Zeitvertreibung soll das Verfließen der Zeit erträglich machen und es vergessen lassen; sie wird selbst damit zu einem Dauerzustand, den wir auf der Bühne in dem „Ausschnitt" der zwei Akte des Spiels erleben.

„WARTEN AUF GODOT“ – EIN RELIGIÖSES STÜCK?

Daß die Wirksamkeit der Gnade und die auf sie gegründete Heilshoffnung das zentrale Thema des Stücks „Warten auf Godot“ bilden, darf man als erwiesen annehmen. Becketts Äußerungen wie auch der Text selbst deuten darauf hin. Läßt sich aber daraus schon schließen, „Warten auf Godot“ sei ein christliches oder religiöses Stück? Zahlreiche scharfsinnige Interpretationen stützen sich auf diese These. Sie nehmen das Warten Wladimirs und Estragons als Beweis ihrer Standhaftigkeit im Glauben und in der Hoffnung, während sie Wladimirs Hilfsbereitschaft seinem Freunde gegenüber und das gegenseitige Aufeinanderangewiesensein der beiden Landstreicher als Symbole christlicher Nächstenliebe auslegen. Aber diese religiösen Deutungen übersehen eine Reihe wesentlicher Züge des Stückes: den immer wiederkehrenden Hinweis, die Verabredung mit Godot sei nicht sicher, die Unzulässigkeit Godots und die wiederholt bewiesene Tatsache, daß es sinnlos ist, etwas von ihm zu erhoffen. Zugegeben, es könnte sich um ein Beispiel für den Satz „Credere quia absurdum est“ handeln; als Beweis für den Satz „Absurdum est credere“ wäre es aber wohl überzeugender . . .

Zugunsten einer christlichen Deutung des Stückes könnte man geltend machen, daß die Überlegenheit Wladimirs und Estragons über Pozzo und Lucky offensichtlich mit dem Warten auf Godot ergründet wird. Pozzo und Lucky sind ihnen unterlegen, weil sie keine Verabredung und kein Ziel haben, sondern völlig ichbezogen in ihren wechselseitigen Beziehungen aufgehen. Ist es also nicht doch der Glaube, der die beiden Landstreicher über die anderen Figuren emporhebt?

(Martin Esslin)

Der Gedanke an Gott und seine mögliche Existenz beschäftigt die Personen. Estragon scheint an einen persönlichen Gott zu glauben. Er bittet Gott, mit ihm barmherzig zu verfahren. Eines der beliebtesten Gedankenspiele der beiden Clowns ist es, ihre Reminiszenzen an die Bibel aufzufrischen. Estragons Erinnerung reicht nur zurück zu den bunten Landkarten im Anhang seiner Bibel, während Wladimir mit dem Gedanken an die beiden Schächer am Kreuz beschäftigt ist. Ernsthaft und spielerisch zugleich grübelt er darüber, warum nur einer der beiden Schächer erlöst wurde, und rechnet daraus seine Chancen aus. Darüber hinaus wird aber sein philologischer Zweifel an der biblischen Überlieferung laut, weil nur einer der Evangelisten von der Erlösung des einen Schächers schreibt. Man wollte wegen solcher Anklänge eine christliche Grundthematik in „Warten auf Godot" sehen. Jedes andere Motiv bekam dann auch religiöse Bedeutung: das schmächtige Bäumchen auf der Bühne wurde der Baum des Wissens von Gut und Böse – wobei nirgends ein Apfel oder eine Schlange diese Deutung belegt –, der Baum des Lebens, das Kreuz Christi oder der Baum, an dem Judas sich erhängte.

Aber Becketts Spiel ist kein christliches Mysterienspiel. So oft auch auf Schuld angespielt wird, wird doch nirgends der Glaube an die göttliche Gnade und die Erlösung durch Jesus Christus laut. „Warten auf Godot" ist nicht mehr als das Drama des Wartens. Das Warten auf Godot, auf die Nacht, auf irgendein Ereignis wird ausgefüllt durch Reden und vielfältiges Spiel ... Da der Bogen jedes Aktes und des ganzen Stückes so wenig gespannt ist, gerät die Ausfüllung, das Spiel, in den Mittelpunkt und wird zum eigentlichen Inhalt.

(Konrad Schoell)

Samuel Beckett hielt es für notwendig, diese beiden armen Kerle (Wladimir und Estragon) an den äußersten Rand der Existenz zu stellen, gänzlich entblößt von allen überkommenen Attributen eines sogenannten Menschenlebens, von Raum und Zeit, von Geschichte und Charakter, und sie dann dort unter einem kahlen Ast die wahre Blöße des Menschen bekennen zu lassen, daß sie nämlich nur noch auf Godot warten – oder auf die Nacht, das Nichts. Das ist, falls man noch unbefangen hinsehen kann, ziemlich genau das, was wir einen Glaubensakt nennen ... Wer mit Godot verabredet ist, dem Nichts oder dem Heil, hat keine Unterkunft mehr in irgendeiner Wirklichkeit. Er ist emigriert, ausgestoßen, verbannt. Er stellt die Glaubensfrage. Das ist nicht sein Verdienst, und er fragt auch nicht aus eigener Anstrengung. Er befindet sich zwangsläufig in der Glaubensfrage.

(Heinz Beckmann)

Es ist kaum zu verstehen, daß zahlreiche Gegner des „Godot" es nicht wahrhaben wollen, daß in den beiden Hauptgestalten zum Symbol geworden ist, wie der Mensch der Gegenwart in einer überfüllten Zeit west, die ihn dennoch ganz leer läßt. In Ergänzung der ablehnenden Stimmen sei hier auf die scharfe Kritik hingewiesen, die Otto Forst de Battaglia in seinem Aufsatz „Die neue Weltliteratur – Dichtung unserer Zeit" (Universitas, März-Heft 1956) übt: „. . . und endlich jener „Godot", . . . Becketts . . . schon durch den Namen als Zerrbild Gottes angedeuteter, Gestalt gewordener Hohn auf den Schöpfer. Hinter diesem nichtexistenten höchsten Wesen, . . . droht das reine Nichts, der Abgrund." Ganz gewiß erleben wir im „Godot" die abgrundtiefe Gottentfremdung unserer Zeit. Aber die z. T. qualvollen Reden der beiden Landstreicher beweisen ja gerade, daß ihr Sein nicht im Diesseitigen aufgeht; sie bezeugen die unstillbare Sehnsucht, den verzweifelten Schrei des menschlichen Herzens nach dem Übernatürlichen, nach Gott, der ausdrücklich und wiederholt genannt wird. Mit größerem Recht kann man daher aus dem Stück herauslesen, daß der Mensch auf Gott ausgerichtet ist, als daß man darin das Programm des Nihilismus erblickt. Das Erregende für uns ist allerdings, daß der Mensch unserer Tage um die Begegnung mit Gott ringen muß, wie es uns etwa Kierkegaard so deutlich gesagt hat. Nur begnadetes Ruhen in Gott – oder selbstsichere, zutiefst schuldhafte Täuschung – oder unbegnadete Blindheit und Borniertheit kann diese echte Not des Menschen unserer Zeit überstehen. Auch steht an keiner Stelle, daß Godot nichtexistent sei, daß er niemals erscheinen werde, im Gegenteil: die beiden Bettler sind entschlossen, weiter zu warten, bis er kommt; die letzten Worte des Stücks lauten: „Und wenn er kommt? Sind wir gerettet." Ist das nicht positiv genug?

(Hans Nachtsheim)

DIE FUNKTION DES JUNGEN IN „WARTEN AUF GODOT“

Der Funktion des Jungen, der am Ende des Ersten und Zweiten Aktes von „Warten auf Godot“ Wladimir und Estragon ankündigt, daß Herr Godot heute abend nicht, aber sicher morgen kommen werde, ist in den zahlreichen Interpretationen des Stückes viel zu wenig Aufmerksamkeit geschenkt worden. Dieser Junge spielt aber die Rolle einer wichtigen Schlüsselfigur, ist vielleicht sogar die wichtigste Person des Stückes. Denn er, dieser ängstliche und scheue Knabe, der Wladimir mit „Herr Albert“ anredet, ihn aber sonst nicht zu kennen vorgibt, der Angst vor dem Geschrei und der Peitsche Pozzos hat, der einen Bruder hat, mit dem er im Heu schläft, der für Herrn Godot arbeitet, ist der einzige authentische und unzweifelhafte Zeuge für die Existenz Herrn Godots. Godot ist also keine Fiktion und das Warten auf ihn ist berechtigt. Godot existiert: er trägt einen weißen Bart, läßt seine Ziegen und Schafe von dem Jungen hüten, zu dem er gut ist, dem er reichlich zu essen gibt und den er nicht schlägt, wie den Bruder des Jungen. Alttestamentarische Reminiszenzen an Kain und Abel und an einen strafenden und gütigen HERRN mögen hier eingewirkt haben. Es ist ganz ohne Bedeutung, w i e der Junge Herrn Godot darstellt (Konrad Schoell: „Godot mit seinen Schafen, Godot mit seinem weißen Bart ist ein Bilderbuch-Lieber-Gott“), es ist auch ohne Bedeutung, ob Herr Godot, auf den Wladimir und Estragon warten, kommen wird oder nicht, er ist jedenfalls da und seine Existenz wird von dem Jungen eindeutig bezeugt.

Wladimir. Was tut der Herr Godot?
Junge. Er tut nichts.

Er tut nichts – er wirkt durch sein bloßes Da-Sein, durch seine bloße Existenz, die zeitlós und raumlos ist und auf die die Menschen zustreben, oder deren Annäherung sie erwarten. Denn bei Herrn Godot kann man beruhigt schlafen, „im Warmen, im Trocknen, mit vollem Bauch, auf Stroh. Dann lohnt es sich zu warten. Nicht?“ Etwas von dem dritten Satz des Vaterunsers, von der Bitte „Dein Reich komme“ schwingt mit in diesen Worten Wladimirs, und der Junge verheißt das Kommen dieses Reichs. Als Bote des Herrn Godot und als Übermittler von Botschaften der Menschen an Herrn Godot ist der Junge ein wesentliches und hier das einzige Bindeglied zwischen Herrn Godot und den beiden Vagabunden Wladimir und Estragon:

Wladimir. Du bringst eine Nachricht von Herrn Godot?
Junge. Ja.
—
Junge. Was soll ich Herrn Godot sagen?
Wladimir. Du sagst ihm, daß du mich gesehen hast ... Sag mal, du bist doch sicher, mich gesehen zu haben, du wirst mir morgen nicht sagen, daß du mich nie gesehen hast?

Daß der Junge Wladimir im Zweiten Akt nicht wiedererkennt, obwohl er tags zuvor da war und ihn mit „Herr Albert" anredete, daß er behauptet, das erstemal gekommen zu sein und ein schlechtes Erinnerungsvermögen besitzt, deutet auf eine imaginäre Zeitvergängnis zwischen dem Ersten und Zweiten Akt. „Gestern", „heute" und „morgen" sind keine irdischen zeitlichen Kategorien, mit denen das Erscheinen des Jungen und das Kommen des Herrn Godot zu messen wären. Tausend Jahre sind vor ihm wie ein Tag, und ein Tag ist ein Nichts angesichts der „Ewigkeit", innerhalb deren das Warten der beiden Vagabunden und das Erscheinen des Jungen sich abspielen; Namen sind Schall und Rauch, nicht die Identität und Individualität der Personen ist wesentlich, sondern nur der Mensch als wartendes, auf Erlösung gerichtetes Wesen schlechthin, als Wesen, dem das Kommen des Herrn Godot unmißverständlich eschatologisch verheißen wird. Dafür ist die Gestalt des Jungen ein eindeutiger Beweis:

Wladimir. Herr Godot kommt nicht heute abend.
Junge. Nein.
Wladimir. Aber er wird morgen kommen.
Junge. Ja.
Wladimir. Ganz bestimmt?
Junge. Ja.

Samuel Beckett: „ENDSPIEL“

DIE KONSEQUENZ DER KONSEQUENZ

In dem 1952 erschienenen Stück „Warten auf Godot“ sagt Wladimir: „Heute abend schlafen wir vielleicht bei Godot, im Warmen, im Trocknen, mit vollem Bauch, auf Stroh. Dann lohnt es sich zu warten. Nicht?“ Diese Hoffnung auf eine Veränderung, eine Verbesserung ihres derzeitigen Lebens hält Wladimir und Estragon aufrecht, läßt sie das lange Warten auf Godot, läßt sie die Vertröstung des Jungen, Godot käme bestimmt morgen (wobei „morgen“ ein völlig undefinierbarer zeitlicher Begriff ist), mit stoischer Geduld ertragen. Da Hoffnung vorhanden ist, lohnt sich das Warten.

Nimmt man aber das vier Jahre nach diesem Stück veröffentlichte „Endspiel“ als Antwort auf die von Wladimir gestellte Frage, ob das Warten sich denn nicht lohne, so bleibt nichts anderes übrig als sie zu verneinen. Denn das „Endspiel“ läßt keiner Hoffnung mehr Raum. „Im 'Endspiel' – so Müller-Schrembs –“ begegnen wir sozusagen der Konsequenz der Konsequenz. Auch hier vier Personen, die Eltern Nagg und Nell in Mülleimern lebend (vegetierend!), der Sohn Hamm (Hamlet?) im Rollstuhl, sein Diener Clov (Clown liegt nahe) noch auf den Beinen, aber ebenfalls körperlich hinfällig. Der Ort ein Unterschlupf, Raum ohne Möbel, nur Wände. Hoch angebrachte Fenster, draußen nichts. Auch diese vier warten, können nicht voneinander; einer ist auf den anderen angewiesen, eingeschlossen, ohne daß irgendeine Gefühlsbeziehung da wäre; Gereiztheit, Reaktion auf die winzigen Lebensäußerungen des anderen, ist die einzige Regung. Die Worte ein Noch-nicht-Schweigen-Können, ein Zeitvertreib.

Konsequenz des „Godot“: im „Endspiel“ ist der Endzustand erreicht – es gibt nichts mehr, keine Natur ist mehr vorhanden. Clov steigt auf die Leiter und sieht durch das Fernrohr nach draußen: „Nichts . . . und nichts . . . und wieder nichts.“ Und darauf: „Was alles ist? In einem Wort? Kaputt!“ Man mag das deuten als

den Endzustand nach einem atomaren Vernichtungskrieg, als den Endzustand in einer Welt, in der Gott tot ist, als den Endzustand der totalen Sinnentleerung.
Adorno schreibt über das „Endspiel“: „Es verstehen kann nichts anderes heißen, als seine Unverständlichkeit verstehen, konkret den Sinnzusammenhang dessen nachkonstruieren, daß es keinen hat.“ Konsequenz des Existentialismus: in der Leere, der Bezuglosigkeit bleibt nur noch das Existenzminimum. Hier ist – in Weiterführung des „Godot“ – das Warten nur mehr Verfall, totale Auflösung . . .
Alle Werke Becketts laufen also auf einen Punkt zusammen: den Endzustand; er ist die „condition humaine“ schlechthin. Eine Handlung ist unmöglich; die Aktion ist Bewegung ohne Richtung und Ziel. Das menschliche Leben sinkt zum bedeutungslosen Gewimmel eines Ameisenhaufens herab. Die Rede wird zum sinnlosen Gebabbel, die Geste zur Clownerie. Es gibt keine Klage mehr über die Unmöglichkeit der Kommunikation, des Dialogs. Was bleibt, ist nur die Sehnsucht nach Auflösung. Aber der Tod ist keineswegs ein „Ereignis“ – bezeichnenderweise läßt Beckett ihn auch offen. Dem kommt das Absterben des Gedächtnisses und der Sinn entgegen, das Becketts Figuren aufweisen: es sind zum großen Teil Blinde, Taube, Krüppel. Die Sprache ist wie ein Geräusch zwischen Nichts und Nichts. Jede Aussage hebt sich selbst auf. Beispiele: Der Wortbrei in „Warten auf Godot“ und der Monolog im Leeren im „Endspiel“. Trotz des Nicht-Vorhandenseins menschlicher Beziehungen können die Figuren Becketts nicht voneinander. Die Situation der Leere heftet sie untrennbar aneinander. In dieser Leere gibt es konsequenterweise auch keine gesellschaftlichen Bindungen. Becketts Gestalten sind gewissermaßen ohne Ausweis, Vagabunden. Sie sind darüber hinaus ohne Eigenschaften, ohne jede Andeutung von Individualität – völlig austauschbar. Das ist das äußerste Ergebnis der Aufhebung der Subjekt-Identität. Dabei gelingt ihm jedoch eine sinnliche Präsenz, wie sie die Absurden kaum je erreichen. Gesten und Worte haben auch die Funktion des Zeitvertreibs – Ritual der Langeweile (der Huttausch in „Warten auf Godot“ z. B.). Die Austauschbarkeit zeigt sich unter anderem in der spiegelbildlichen Entsprechung des 2. Aktes zum 1. in

„Warten auf Godot". Eigentlich haben Becketts Stücke keinen zeitlichen Verlauf mehr, deshalb die meisten auch gar keine Akteinteilung. Der Ort ist jeweils eine Art Unterschlupf, darum herum das Nichts, am deutlichsten im „Endspiel", in dem wir überhaupt all diese Momente am intensivsten finden. Vielleicht meint es eine Darstellung des Jüngsten Gerichts. Da es sinnentleert ist, wird es zur Groteske – schwebend zwischen Grauen und Clownerie. Weder Tragödie noch Komödie sind möglich – da beide sich auf die Gültigkeit der zwischenmenschlichen Beziehungen aufbauen, die seit Büchner immer konsequenter als Irrtum entlarvt wurden. Aus der Grundhaltung der Desillusionierung, der Demonstration einer sinnlosen Zuständigkeit entsteht die tragische Farce, die groteske Komödie, die tragische Groteske."

„GANG DER HANDLUNG“

Bei der Interpretation des „Ganges der Handlung“ des „Endspiels“ – auch hier müssen wir die Überschrift apostrophieren, denn von einem eigentlichen Gang der Handlung kann keine Rede sein – können wir uns kurz fassen, da das „Endspiel“ die gleichen charakteristischen Merkmale enthält, die wir in dem Stück „Warten auf Godot“ gefunden und näher erläutert haben.
Auch das „Endspiel“ beginnt mit einer Pantomime, die sich an dem Ort der „Handlung“, in einem Innenraum ohne Möbel abspielt.
Die Bühnenanweisung gibt an:
Innenraum ohne Möbel. Trübes Licht. An der rechten und linken Wand im Hintergrund je ein hoch angebrachtes Fensterchen mit geschlossenen Vorhängen. Vorne rechts Tür. In der Nähe der Tür hängt ein umgedrehtes Gemälde an der Wand, Vorne links stehen zwei mit einem alten Bettuch verhüllte Mülleimer nebeneinander. In der Mitte sitzt Hamm in einem mit Röllchen versehenen Sessel. Das Ganze ist mit einem alten Bettuch verhüllt. Clov steht regungslos in der Nähe der Tür und betrachtet den Sessel. Sehr rote Gesichtsfarbe.
Er geht mit steifen und wankenden Schritten unters linke Fenster. Er betrachtet das linke Fenster mit dem Kopf im Nacken. Er wendet sich dem rechten Fenster zu und betrachtet es. Er geht und stellt sich unters rechte Fenster. Er betrachtet das rechte Fenster mit dem Kopf im Nacken. Er wendet sich dem linken Fenster zu und betrachtet es. Er geht hinaus und kommt alsbald mit einer kleinen Bockleiter wieder, stellt sie unter das linke Fenster, steigt hinauf und schiebt den Vorhang zur Seite. Er steigt von der Leiter, geht sechs Schritte auf das rechte Fenster zu, macht kehrt, um die Leiter zu holen, stellt sie unters rechte Fenster, steigt hinauf und schiebt den Vorhang zur Seite. Er steigt von der Leiter, geht drei Schritte auf das linke Fenster zu, macht kehrt, um die Leiter zu holen, stellt sie unters linke Fenster, steigt hinauf und schaut durchs Fenster. Kurzes Lachen. Er steigt von der Leiter, geht einen Schritt auf das rechte Fenster zu, macht kehrt, um die Leiter zu holen, stellt sie unters rechte Fenster, steigt hinauf und schaut durchs Fenster. Kurzes Lachen. Er steigt von der Leiter, geht auf die Mülleimer zu,

macht kehrt, um die Leiter zu holen, faßt sie an, besinnt sich anders, läßt sie los, geht auf die Mülleimer zu, nimmt das Bettuch, das sie verhüllt, herunter, faltet es sorgsam und legt es über den Arm. Er hebt einen Deckel an, bückt sich und schaut in den Mülleimer. Kurzes Lachen. Er klappt den Deckel wieder zu. Dasselbe Spiel mit dem anderen Mülleimer. Er geht auf Hamm zu, nimmt das Bettuch, das ihn verhüllt, herunter, faltet es sorgsam und legt es über den Arm. Im Morgenrock, mit einer Filzkappe auf dem Kopf, einem übers Gesicht gebreiteten großen, blutbefleckten Taschentuch, einer um den Hals hängenden Signalpfeife, einem auf den Knien liegenden Plaid und dicken Socken an den Füßen scheint Hamm zu schlafen. Clov betrachtet ihn. Kurzes Lachen. Er geht zur Tür, hält an, macht kehrt, betrachtet die Bühne und wendet sich dem Saal zu.
In dieser Umgebung leben, vegetieren Hamm, der nicht stehen, und sein Diener Clov, der nicht sitzen kann. Völlige Apathie hat sich ihrer angesichts der absoluten Trostlosigkeit ihres Daseins bemächtigt:

Hamm. Hast du es nicht satt?
Clov. Doch! (Pause). Was denn?
Hamm. Dieses . . . alles.
Clov. Seit jeher schon. (Pause). Du nicht?
Hamm. (trübsinnig): Es gibt also keinen Grund dafür, daß sich etwas ändert.
Clov. Es kann zu Ende gehen. (Pause). Immer wieder dieselben Fragen, dieselben Antworten.

Aber wie Wladimir und Estragon sind beide aneinander gebunden, können beide voneinander nicht lassen; eine Haß-Liebe bindet sie zusammen, bewirkt, daß sie sich gegenseitig ertragen müssen:

Clov. Warum behältst du mich?
Hamm. Es gibt sonst niemand.
Clov. Es gibt sonst keine Stelle.
(Pause)
Hamm. Und doch verläßt du mich.

Clov. Ich versuch's.
Hamm. Du magst mich nicht.
Clov. Nein.
Hamm. Früher mochtest du mich.
Clov. (überdrüssig): Früher!
Hamm. Ich habe dich zuviel leiden lassen. (Pause). Nicht wahr?
Clov. Das ist es nicht.
Hamm. (entrüstet): Ich habe dich nicht zuviel leiden lassen?
Clov. Doch.

In den beiden im Raum stehenden Mülleimern „leben" Hamms Eltern, Nagg und Nell. Von Zeit zu Zeit öffnen sie die Deckel der Mülleimer, schauen heraus und verlangen Nahrung, die ihnen unwillig verabreicht wird, worauf Clov die Mülleimerdeckel wieder zudrückt.

Nagg. Meinen Brei!
Hamm. Verfluchter Erzeuger!
Nagg. Meinen Brei!
Hamm. Ah! Keine Haltung mehr, die Alten. Fressen, fressen, sie denken nur ans Fressen. (Er pfeift). (Clov kommt herein und bleibt neben dem Sessel stehen). Sieh mal an! Ich dachte, du wolltest mich verlassen.
Clov. Oh, noch nicht, noch nicht.
Nagg. Meinen Brei!
Hamm. Gib ihm seinen Brei.
Clov. Es gibt keinen Brei mehr.
Hamm. (zu Nagg): Es gibt keinen Brei mehr. Du wirst nie wieder Brei bekommen.
Nagg. Ich will meinen Brei!
Hamm. Gib ihm einen Zwieback. (Clov geht). Verfluchter Hurenbock! Wie geht es deinem Rumpf?
Nagg. Kümmere dich nicht um meinen Rumpf.
(Clov kommt mit einem Zwieback in der Hand herein.)
Clov. Ich bin wieder da, mit dem Zwieback.
(Er legt den Zwieback in die Hand von Nagg, der ihn annimmt, betastet und beschnuppert).

Nagg. (jammernd): Was ist denn das?
Clov. Das ist der klassische Zwieback.
Nagg. (jammernd): Er ist hart! Ich kann nicht!
Hamm. Sperr ihn ein!
(Clov drückt Nagg in den Mülleimer hinein und klappt den Deckel zu).

Das Verhältnis Hamms zu seinem „verfluchten Erzeuger" beleuchtet auch folgende Stelle:

Hamm. Du Schweinehund! Warum hast du mich gemacht?
Nagg. Ich konnte nicht wissen ...
Hamm. Was? Was konntest du nicht wissen?
Nagg. Daß du es würdest ...

Ich bin ja schließlich dein Vater. Wäre ich es nicht, so wäre es freilich ein anderer gewesen. Aber das ist keine Entschuldigung. (Pause). Den türkischen Honig zum Beispiel, den es, wie wir wissen, nicht mehr gibt, mag ich lieber als alles auf der Welt. Und eines Tages werde ich dich darum bitten, als Gegenleistung für eine Gefälligkeit, und du wirst ihn mir versprechen. Man muß mit seiner Zeit leben. (Pause). Wen riefst du, als du noch klein warst und Angst hattest, in der Nacht? Deine Mutter? Nein. Mich. Wir ließen dich schreien. Dann stellten wir dich weit weg, um schlafen zu können. (Pause). Ich schlief soeben, ich fühlte mich wie ein Prinz, und du hast mich wecken lassen, damit ich dir zuhörte. Es war nicht unumgänglich, du hattest nicht unbedingt nötig, daß ich dir zuhörte. Übrigens habe ich dir nicht zugehört. (Pause). Ich hoffe, daß der Tag kommt, an dem du unbedingt nötig hast, daß ich dir zuhöre, und nötig hast, meine Stimme zu hören, irgendeine Stimme. (Pause). Ja, ich hoffe, solange zu leben, daß ich dich nach mir rufen höre, wie einst, als du noch klein warst und Angst hattest, in der Nacht, und als ich deine einzige Hoffnung war. (Pause. Nagg klopft an den Deckel von Nells Mülleimer. Pause.) Nell! (Pause. Er klopft heftiger.) Nell! (Pause. Nagg zieht sich in seinen Mülleimer zurück und klappt den Deckel zu. Bald taucht auch Nell aus ihrem Mülleimer auf und beginnt mit Nagg eine

Konversation. Auch ihre Gesichtsfarbe ist wie die Naggs sehr weiß. Mühsam wenden sich beide einander zu und tauschen Erinnerungen aus:

Nagg. Siehst du mich?

Nell. Schlecht. Und du?

Nagg. Wie, bitte?

Nell. Siehst du mich?

Nagg. Schlecht.

Nell. Um so besser, um so besser.

Nagg. Das sollst du nicht sagen. (Pause). Unsere Sehkraft hat gelitten.

Nell. Ja.

(Pause. Sie wenden sich voneinander ab).

Nagg. Hörst du mich?

Nell. Ja. Und du?

Nagg. Ja. (Pause). Unser Gehör hat nicht gelitten.

Nell. Unser was?

Nagg. Unser Gehör.

Nell. Nein. (Pause). Hast du mir sonst noch was zu sagen?

Nagg. Erinnerst du dich an . . .

Nell. Nein.

Nagg. Den Tandemunfall, bei dem wir unsere Haxen verloren. (Sie lachen).

Nell. Es war in den Ardennen.

(Sie lachen leiser).

Nagg. Am Ausgang von Sedan. (Sie lachen noch leiser. Pause). Ist dir kalt?

Nell. Ja, sehr kalt. Und dir?

Nagg. Ich friere. (Pause). Willst du wieder rein?

Nell. Ja!

Nagg. Dann geh rein. (Nell rührt sich nicht. Nagg schaut sie an). Warum gehst du nicht rein?

Nell. Ich weiß nicht.

(Pause)

Nagg. Hat man dein Sägemehl erneuert?

Nell. Es ist kein Sägemehl. (Pause. Überdrüssig): Kannst du dich nicht etwas genauer ausdrücken, Nagg?

Nagg. Dann eben deinen Sand. Ist das so wichtig?
(Pause)

Nagg. Früher war es Sägemehl.

Nell. (überdrüssig): Früher.

Nagg. Und nun ist es Sand. (Pause). Vom Strand. (Pause. Lauter): Nun ist es Sand, den er vom Strand holt.

Nell. Nun ist es Sand.

Nagg. Hat er deinen erneuert?

Nell. Nein.

Nagg. Meinen auch nicht. (Pause). Wir müssen maulen. (Pause. Den Zwieback zeigend): Willst du ein Stück?

Nell. Nein. (Pause). Wovon?

Nagg. Vom Zwieback. Ich habe die Hälfte davon verwahrt. (Er betrachtet den Zwieback. Stolz): Drei Viertel. Für dich. Da. (Er reicht ihr den Zwieback). Nein? (Pause). Ist dir nicht gut?

Hamm. (überdrüssig): Seid doch still, seid still, laßt mich doch schlafen. (Pause). Sprecht leiser. (Pause). Wenn ich schlafen könnte! Ich würde vielleicht lieben. In die Wälder gehen. Sehen . . . den Himmel, die Erde! Laufen! Fliehen! (Pause). Natur! (Pause). Natur! (Pause). Er tropft, es tropft in meinem Kopf. (Pause). Es ist ein Herz, ein Herz in meinem Kopf.
(Pause)

Hamm. (aufgebracht): Seid ihr noch nicht am Ende? Kommt ihr nie zu Ende? (Plötzlich wütend): Es nimmt also kein Ende! (Nagg verschwindet im Mülleimer und klappt den Deckel zu. Nell rührt sich nicht). Worüber können sie denn reden, worüber kann man noch reden? (Rasend): Mein Königreich für einen Müllkipper! (Er pfeift. Clov kommt herein). Weg mit diesem Dreck! Ins Meer damit!
(Clov geht zu den Mülleimern und bleibt stehen).

Nell. So klar.

Hamm. Wie bitte? Was erzählt sie da?
(Clov beugt sich über Nell und befühlt ihr Handgelenk).

Nell. (leise, zu Clov): Hau doch ab.
(Clov läßt ihr Handgelenk los, steckt sie in den Mülleimer, klappt den Deckel zu und richtet sich wieder auf).

Clov. (auf dem Wege zu seinem Platz neben dem Sessel): Sie hat keinen Puls mehr.

Hamm. Was hat sie in ihren Bart gebrummt?

Clov. Sie sagte, ich solle abhauen, in die Wüste.

Hamm. In was mischt sie sich hinein? Ist das alles?

Clov. Nein.

Hamm. Was denn noch?

Clov. Ich hab's nicht verstanden.

Hamm. Hast du sie eingesperrt?

Clov. Ja.

Hamm. Sind sie nun beide eingesperrt?

Clov. Ja.

Hamm. Wir werden die Deckel vernieten. (Clov geht zur Tür). Es eilt nicht. (Clov bleibt stehen). Meine Wut läßt nach, ich möchte wohl pinkeln.

Clov. Ich hole den Katheter. (Er geht zur Tür).

Hamm. Es eilt nicht. (Clov bleibt stehen). Gib mir meine Pillen.

Clov. Es ist zu früh. (Pause). Es ist zu früh nach deinen Tropfen, sie würden nicht wirken.

Hamm. Morgens wird man aufgeputscht und abends wird man betäubt. Oder umgekehrt. (Pause).

Hamm. Laß mich eine kleine Runde machen. (Clov stellt sich hinter den Sessel und schiebt ihn ein Stück voran). Nicht zu schnell. (Clov schiebt den Sessel weiter). Eine kleine Runde um die Welt. (Clov schiebt den Sessel weiter). Scharf an der Wand entlang. Dann wieder zurück in die Mitte. (Clov schiebt den Stuhl weiter). Ich bin doch genau in der Mitte? Nicht wahr?

Clov. Ja.

Es ist müßig, die in dieser Weise gleichmäßig fortlaufende „Handlung" wiederzugeben. Hamm und Clov sind aneinandergekettet, Nagg und Nell in ihre Mülleimer gebannt. Die „Diskussionen" treten auf der Stelle:

Hamm. (Prophetisch und wollüstig): Eines Tages wirst du blind sein. Wie ich. Du wirst irgendwo sitzen, ganz winzig, verloren im Leeren, für immer im Finstern. Wie ich. (Pause). Eines Tages sagst du dir: Ich bin müde, ich setze mich, und du wirst dich setzen. Dann sagst du dir: Ich habe Hunger, ich steh jetzt auf und mach mir zu essen. Aber du wirst nicht aufstehen. Du sagst dir: Ich hätte mich nicht setzen sollen, aber da ich mich gesetzt habe, bleib ich noch ein wenig sitzen, dann steh ich auf und mach mir zu essen. Aber du wirst nicht aufstehen und du wirst dir nichts zu essen machen. (Pause). Du betrachtest die Wand ein wenig und dann sagst du dir: Ich schließe die Augen und schlafe vielleicht ein wenig, danach geht's besser, und du wirst sie schließen. Und wenn du sie wieder öffnetest, wird keine Wand mehr da sein. (Pause). Die Unendlichkeit der Leere wird dich umgeben, alle auferstandenen Toten aller Zeiten würden sie nicht ausfüllen, du wirst darin wie ein kleiner Kiesel mitten in der Wüste sein. (Pause). Ja, eines Tages wirst du wissen, was es ist, wirst du wie ich sein, nur daß du niemanden haben wirst, weil du niemanden bemitleidet hast und weil es dann niemanden mehr zu bemittleiden gibt.

Clov. Das ist nicht gesagt. (Pause). Übrigens vergißt du etwas.

Hamm. So?!

Clov. Ich kann mich nicht setzen.

Hamm. (ungeduldig): Dann wirst du dich eben legen, als wenn das was wäre. Oder du wirst ganz einfach anhalten und stehen bleiben, wie jetzt. Eines Tages sagst du dir: Ich bin müde, ich halte an. Ganz gleich wie!
(Pause)

Clov. Ihr wollt also alle, daß ich euch verlasse.

Hamm. Natürlich!

Clov. Dann werde ich euch verlassen.

Hamm. Du kannst uns nicht verlassen.

Clov. Dann werde ich euch nicht verlassen.
(Pause)

Hamm. Du brauchst uns nur zu erledigen. (Pause). Ich werde dir sagen, wie der Speiseschrank aufgeht, wenn du schwörst, mich zu erledigen.

Clov. Ich könnte dich nicht erledigen.

Hamm. Dann wirst du mich nicht erledigen.
(Pause)

Dieses Dasein ist leer und absurd, und der Ekel an ihm steigert sich bis zur Raserei, bis zum Delirium. Die Deckel der Mülleimer öffnen sich nicht mehr, und Hamm bittet:

Hamm. Leg mich in meinen Sarg.

Clov. Es gibt keine Särge mehr.

Hamm. Also Schluß damit! Es s o l l enden!

Clov. Ich sage mir ... manchmal, Clov, du mußt noch besser leiden lernen, wenn du willst, daß man es satt kriegt, dich zu strafen ... eines Tages. Ich sage mir ... manchmal, Clov, du mußt noch besser da sein, wenn du willst, daß man dich gehen läßt ... eines Tages. Aber ich fühle mich zu alt und zu weit weg, um neue Gewohnheiten annehmen zu können. Gut, es wird also nie enden, ich werde also nie gehen. (Pause). Dann, eines Tages, plötzlich, endet es, ändert es sich, ich verstehe es nicht, stirbt es ... oder bin ich es, ich verstehe es nicht, auch das nicht. Ich frage es die Wörter, die übrigbleiben – Schlafen, Wachen, Abend, Morgen. Sie können nichts sagen. (Pause). Ich öffne die Tür der Zelle und gehe fort. Ich gehe so gebeugt, daß ich nur meine Füße sehe, wenn ich die Augen öffne, und zwischen meinen Beinen ein wenig schwärzlichen Staub. Ich sage mir, daß die Erde erloschen ist, obgleich ich sie nie brennen sah (Pause). Es geht von selbst. (Pause). Wenn ich falle, werde ich weinen ... vor Glück.
(Pause. Er geht zur Tür).

Hamm. Clov! (Clov bleibt stehen, ohne sich umzudrehen. Pause). Nichts. (Clov geht weiter). Clov! (Clov bleibt stehen, ohne sich umzudrehen).

Clov. Das nennen wir abtreten.

Hamm. Ich danke dir, Clov, ich brauche dich nicht mehr.

Clov. (sich umdrehend, lebhaft): Moment mal bitte, ich bin es, der dich nicht mehr braucht.

Hamm. Wir sind es, die einander nicht mehr brauchen. (Pause. Clov geht zur Tür). Noch etwas. (Clov bleibt stehen). Eine allerletzte Gnade. (Clov geht). Verstecke mich unter dem Tuch. (Eine lange Pause). Nein? Gut. (Pause). Also, ich bin dran. (Pause). Jetzt spiele ich. (Pause. Müde): Altes, von jeher verlorenes Endspiel, Schluß damit, nicht mehr verlieren.

Hamm und Clov haben das alte, von jeher verlorene Endspiel, das Spiel von der Leere, der Sinnlosigkeit, der Absurdität des Lebens gespielt. Clov verläßt Hamm nicht, und das Spiel wird weitergespielt:

Clov. (flehend). Laß uns aufhören zu spielen!
Hamm. Nie!

DIE FIGURENPAARE IM „ENDSPIEL“

Während die beiden Hauptfiguren von „Warten auf Godot“ sich die Zeit mit einer Reihe planloser Spiele vertreiben, die niemals enden, ist Becketts zweites Stück ein „Endspiel“, das Ende der Partie in der Stunde des Todes.

War der Schauplatz von „Warten auf Godot“ eine erschreckend leere, offene Straße, so spielt „Endspiel“ in einem geschlossenen Raum von Platzangst erregender Enge. „Warten auf Godot“ besteht aus zwei symmetrisch verlaufenden Vorgängen, die sich die Waage halten; „Endspiel“ hat nur einen Akt, in dem ein Mechanismus abschnurrt, bis alles zum Stehen kommt. Aber wie in „Warten auf Godot“, so treten auch im „Endspiel“ die Figuren paarweise in symmetrischer Anordnung auf.

Hamm und Clov (vielleicht die Namen abgeleitet von „ham actor“ – Schmierenkomödiant – und „clown“) ähneln in mancher Hinsicht Pozzo und Lucky. Hamm ist der Herr, Clov der Diener. Hamm ist selbstsüchtig, sinnlich, tyrannisch. Clov haßt Hamm und möchte fort von ihm, aber er muß seinen Befehlen gehorchen: „Tu dies, tu das, und ich tu's. Ich weigere mich nie. Warum?“ Wird Clov die Kraft aufbringen, sich von Hamm zu trennen? Das ist die Kernfrage, aus der das Stück seine dramatische Spannung bezieht. Wenn Clov fortgeht, muß Hamm sterben. Clov ist der einzige und letzte, der ihn füttern kann. Doch auch Clov müßte dann sterben. Er hätte sonst niemanden mehr auf der Welt, und Hamms Vorratskammer ist die letzte Lebensmittelquelle, die ihm bleibt. Wenn

Clov die Willenskraft aufbrächte fortzugehen, so würde er damit nicht nur Hamm umbringen, er würde gleichzeitig Selbstmord begehen. Ihm würde also das gelingen, was Estragon und Wladimir so oft mißlang.
Clov versucht schon „seit seiner Geburt" von Hamm loszukommen. Hamm hat große Schuld auf sich geladen. Er hätte unzählige Menschen retten können, die ihn um Hilfe anflehten.
Hamm ist kindisch; er beschäftigt sich mit einem dreibeinigen Spielzeug-Hund, und er ist voller Selbstmitleid. Clov muß ihm erzählen, was er sieht. In regelmäßigen Abständen fordert Hamm ihn auf, durch die beiden winzigen Fenster hoch oben in der Mauer die Welt draußen zu beobachten. Das rechte Fenster geht aufs Land, das linke auf die See hinaus. Aber selbst die Gezeiten haben aufgehört.
Hamm ist schlampig. Clov ist ein Ordnungsfanatiker.
Hamms Eltern in ihren Mülltonnen sind Schwachköpfe von grotesker Sentimentalität. Sie haben ihre Beine bei einem Verkehrsunfall verloren, als sie auf ihrem Tandem auf der Straße nach Sedan durch die Ardennen radelten. Sie erinnern sich gerne daran, wie sie an einem Aprilnachmittag – es war der Tag nach ihrer Verlobung – auf dem Comer See ruderten. Nagg erzählt im Ton eines Salonlöwen von 1910, der seinen Lieblingswitz zum besten gibt, die komische Geschichte, die seine Braut damals so zum Lachen brachte und die er seither ad nauseam wiederholt hat. Hamm haßt seine Eltern. Nell treibt Clov insgeheim an, Hamm zu verlassen. Nagg, den man geweckt hat, damit er sich Hamms Erzählung anhört, schilt seinen Sohn aus: „Wen riefst du, als du noch klein warst und Angst hattest, in der Nacht? Deine Mutter? Nein. Mich." Er verrät aber sofort, daß diese Hilferufe ihn, selbstsüchtig wie er war, ziemlich kalt ließen: „Wir ließen dich schreien. Dann stellten wir dich weit weg, um schlafen zu können. . . . Ich hoffe, daß der Tag kommt, an dem du unbedingt nötig hast, daß ich dir zuhöre. . . . Ja, ich hoffe, so lange zu leben, daß ich dich nach mir rufen höre, wie einst, als du noch klein warst und Angst hattest, in der Nacht, und als ich deine einzige Hoffnung war."
Als das Ende naht, malt Hamm sich aus, was geschehen wird, wenn Clov ihn verläßt. Er bestätigt Naggs Voraussage: „Ich werde da

sein, in dem alten Unterschlupf, allein gegen die Stille und ... die Starre.... Ich werde dann meinen Vater gerufen haben, und ich werde meinen ... meinen Sohn gerufen haben." Er sagt damit selbst, daß er Clov gewissermaßen als seinen Sohn betrachtet.
Ein letztes Mal sieht Clov mit seinem Fernrohr aus dem Fenster. Er sieht etwas Ungewöhnliches: einen kleinen Jungen. Aber es wird nicht ganz klar, ob er wirklich ein so wunderliches Anzeichen für die Kontinuität des Lebens, wie es „ein potentieller Erzeuger" ist, gesehen hat. Diese Stelle bezeichnet sozusagen den Wendepunkt des Stückes. Hamm sagt: „Es ist zu Ende, Clov, wir sind am Ende. Ich brauche dich nicht mehr." Vielleicht glaubt er nicht, daß Clov wirklich imstande ist, ihn zu verlassen. Aber Clov hat sich endgültig entschlossen fortzugehen: „Ich öffne die Tür der Zelle und gehe fort. Ich gehe so gebeugt, daß ich nur meine Füße sehe, wenn ich die Augen öffne, und zwischen meinen Beinen ein wenig schwärzlichen Staub. Ich sage mir, daß die Erde erloschen ist, obgleich ich sie nie brennen sah.... Es geht von selbst.... Wenn ich falle, werde ich weinen ... vor Glück." Während der blinde Hamm sich in einem letzten Monolog seinen Erinnerungen und seinem Selbstmitleid überläßt, tritt Clov auf, reisefertig angekleidet, in Panamahut und Tweedrock, den Regenmantel über den Arm. Er hört sich Hamms Gerede unentwegt an. Als der Vorhang fällt, steht er immer noch da. Es bleibt offen, ob er wirklich fortgehen wird.

(Martin Esslin)

Wenn Clov ein schwerfälliger, getretener Diener ist, so ist Hamm ein harter und geiziger Herr, der Mutter Peck an „darkness" sterben ließ, weil er zu knausrig war, ihr Öl für ihre Lampe zu geben, woran Clov ihn immer wieder erinnert. Wie eine nörgelnde Ehefrau will Clov Hamm nicht in Ruhe mit seinem Gewissen leben lassen, das ihn das ganze Stück hindurch quält. Wie andere Beckettsche Helden versucht Hamm sich selbst eine Geschichte zu erzählen, um die Ängste aus seinem Unterbewußtsein zu vertreiben: daß er früher einmal selbstgefällig mit einem verhungernden Mann diskutiert habe, der für seinen Jungen um Brot bettelte – für eben jenen Jungen, der sich aller Wahrscheinlichkeit nach zu Clov entwickelte:

Es wurde bislang nicht genügend beachtet, daß „Endspiel" ein Spiel des schlechten Gewissens ist, des schlechten Gewissens fast im Sartreschen Sinn des Wortes: Hamm weiß, daß er mit schlechtem Gewissen handelt, dem schlechten Gewissen der Reichen und Bequemen, die sich durch scheinbar plausible Überlegungen davon zu überzeugen versuchen, daß sie ihren Reichtum zu Recht genießen und nicht für die Opfer ihres sozio-ökonomischen Systems verantwortlich sind. Hamm möchte sich durch metaphysische Argumente rechtfertigen, und es wurde oft vermutet, daß Beckett selbst durch Hamms Mund spricht. Er hat aber Hamm in einem viel zu kompromißlosen und unschmeichelhaften Licht gezeichnet, als daß er sich mit ihm identifizieren könnte. Augenscheinlich ist vielmehr, daß er, mag er auch nicht die naiven Utopien der Ideologen unterschreiben, ebensowenig Hamms leichtfertige Antwort gegenüber dem menschlichen Elend akzeptieren kann, an die auch Hamm im Grunde seines Herzens nicht glaubt.
Die anderen beiden Charaktere, Nagg und Nell (diese Namen assoziieren nail = Nagel, während Clov = claw auf Klaue und Hamm = hammer auf Hammer verweisen) sind Hamms Eltern, die in zwei Mülltonnen leben: Hamm hat sie ganz wörtlich auf den Müllhaufen geworfen. Beide sind, grotesk und rührend zugleich, in äußerst scharfen Konturen gezeichnet. Nell erinnert sich an ihre Verlobung vor vielen Jahren, und diese Beschwörung ihrer Liebe läßt ihre jetzige Impotenz (ihre Mülltonnen stehen zu weit auseinander, als daß sie sich küssen könnten) um so tragischer erscheinen. Wo Nell elegisch wirkt, ist Nagg sehr viel erdverbundener: Nach seiner Darstellung hatten sie damals am Comer See über seine Geschichte vom Engländer und dem Schneider herzlich gelacht und nicht vor Glück über ihre Verlobung. Und wenn Hamm seine Eltern barsch anfährt, pariert Nagg im gleichen Ton.

(John Fletcher)

Hamm, der im „Endspiel" blind und unbeweglich im Rollstuhl sitzt, ist von allen bizarren Instrumenten Becketts das mit den meisten Tönen, dem überraschendsten Klang. Von ihm erleben wir in den weißgesichtigen halbtoten Eltern noch ein Stück seiner Vergangenheit; die Geschichte, die er „so gut wie möglich" erzählen will, soll ein Kunstwerk sein, ist aber auch seine Lebensgeschichte und die Geschichte seiner Schuld. Er träumt gelegentlich von einer Flucht übers Meer, äußert einmal die Hoffnung, daß doch nicht alles umsonst gewesen sei und weiß, daß seine Gedanken und Träume, sein Nie-wirklich-da-Sein ihn die Rettung so vieler Menschen versäumen ließen. Er ist voll Verachtung für seine Eltern, die sich von Mülltonne zu Mülltonne noch immer viel zu sagen haben und Zwiebäckchen teilen, auch voller Haß, weil sie einst seinen Kinderruf nicht hören wollten – jetzt läßt er den Vater vergeblich betteln und weiß doch schon, daß am Ende wieder er selbst es sein wird, der vergeblich ruft. Er kennt die Furcht vor den Haifischen, vor dem Zuendegehen der lebenserhaltenden Pillen, vor der Ratte, die Clov nicht getötet hat. Er weiß alles voraus und besser und bezeichnet in der Erzählung von dem Maler, der in einer blühenden Landschaft nichts als Asche sah, seine eigene Lage als einen Wahnsinn, eine Sehweise, die den Tatsachen gar nicht entspricht. Diese Erkenntnis macht nichts besser, ändert nichts daran, daß er den kahlen Raum als ein Gefängnis und die untergehende Welt draußen als die andere Hölle empfindet. Seine Gebete haben nichts Blasphemisches, aber eher etwas von einer alten Erinnerung, gegen die sich aufzulehnen sinnlos geworden ist, einem ewigen Versuch, ein Verhältnis wiederherzustellen, das nicht mehr oder noch nicht wieder existiert. Die Worte des Herzens, nach denen er zuletzt verlangt, das Stück Poesie, das er sich aufsagt, sind ebenso alte Menschheitserinnerung und ein verlorenes Glück. Aber wie Clov fragt, glaubst du an ein zukünftiges Leben, antwortet Hamm, meines war immer ein zukünftiges, das ist Titanenstolz, halbe Göttlichkeit, wie der trotzige Ausspruch „fern von m i r ist der Tod". Hamm ist das letzte Bewußtsein, die letzte Einbildungskraft, das letzte Gebet des Menschen, ihm und nur ihm traut man zu, daß er zu sterben versteht. Und bei all seinem spaßhaft ängstlichen Bestreben, im Rollstuhl die genaue Mitte des Raumes einzunehmen, ist er tatsächlich ein Mittelpunkt, ein Brennpunkt, in dem das Leben sich noch einmal sammelt und verglüht.

Sag noch etwas, bittet Hamm den zum Fortgehen gerüsteten Clov, ein paar Worte aus deinem Herzen, nicht anders wie die alte Frau Roney auf dem unheilvollen Heimweg anfleht, sei lieb. Aber Clov geht fort, gebeugt, weiser geworden, bereit, besser leiden zu lernen. Hamm bleibt nichts mehr als die Erinnerung an die Stunde, in der er Clov seine Verantwortung gegenüber dem heranwachsenden Leben klar gemacht hat. Das ist das bisher nie erzählte Ende seiner Geschichte, ist auch seine Rechtfertigung, die er aber jetzt gleichsam nur der Vollständigkeit wegen noch vorbringen muß. Es bleibt ferner das schon Vorausgesehene, der vergebliche Ruf nach dem längst verstummten Vater, der Pfiff, mit dem er Clov nicht mehr zurückholen kann. Dann wird alles fortgeworfen, die Pfeife, der Stoffhund, mit dem noch einmal ein Wesen erschaffen werden sollte, das tote Ding, das Clov ihm über den Kopf geschlagen hat, was aber auch zum Spiel gehörte und zur Auflehnung eben gegen dieses nie endenwollende Spiel Anlaß gegeben hat. Die Requisiten werden fortgeworfen. Das letzte, das Taschentuch, gehört Hamm allein und es dient ihm, der nun wirklich allein ist, gegen die Stille, die Starre das Gesicht zu bedecken.

(Marie Luise Kaschnitz)

„Mit Hamm im Rollstuhl in „Endspiel" betritt eine Variante der Romanfiguren Becketts die Bühne. Hamm in seinem Zimmer, das sich irgendwo in einer postapokalyptischen Landschaft befindet – ein Zeichen von Leben draußen versetzt ihn in Panik –, Hamm mit seiner schwarzen Brille, blind oder sich blind wünschend, zitiert zwar noch Baudelaire und tyrannisiert Clov, doch, das Gesicht unter dem blutbefleckten Taschentuch, ist er der geistigen Folterung seines einzigen Wunsches ausgeliefert: „Ende, es ist zu Ende, es geht zu Ende, es geht vielleicht zu Ende", wie Clov es ausdrückt. Hamm ist der homo absurdus aller Theaterstücke und Prosawerke Becketts.

(Danae Coulmas)

Hamm und Clov, Pozzo und Lucky, Wladimir und Estragon, Nagg und Nell sind keine Individuen, sondern Verkörperungen grundsätzlicher menschlicher Verhaltensweisen; man könnte sie mit den personifizierten Tugenden und Lastern in mittelalterlichen Moralitäten oder spanischen autos sacramentales vergleichen. Bei dem in diesen Stücken Dargestellten handelt es sich nicht um Vorgänge, die einen bestimmten Anfang und ein bestimmtes Ende haben, sondern um typische Situationen, die sich immer von neuem wiederholen. Aus diesem Grunde wird auch im zweiten Akt von „Warten auf Godot" die Grundsituation des ersten Aktes mit geringen Abhandlungen wiederholt. Deshalb sehen wir gegen Schluß von „Endspiel" auch nicht, wie Clov seinen Entschluß, Hamm zu verlassen, tatsächlich verwirklicht, sondern verlieren die beiden aus den Augen, als sie in einer Patt-Konfiguration erstarrt sind. Beide Stücke sind nach dem Schema des alten deutschen Studentenliedes aufgebaut, das Wladimir zu Beginn des zweiten Aktes von „Warten auf Godot" singt:

Ein Hund kam in die Küche
und stahl dem Koch ein Ei.
Da nahm der Koch den Löffel
und schlug den Hund zu Brei.
Da kamen die andern Hunde
und gruben ihm ein Grab.
Und setzten ihm ein'n Grabstein,
worauf geschrieben stand:
Ein Hund kam in die Küche
und stahl dem Koch ein Ei –

und so weiter (ad infinitum). In „Endspiel" und „Warten auf Godot" lotet Beckett Tiefen aus, in denen keine Individuen und keine festumgrenzten Vorgänge mehr in Erscheinung treten, sondern nur noch Archetypisches auftaucht.

(Martin Esslin)

DAS „ENDSPIEL"
IM URTEIL DER LITERATURKRITIK

Bis zur wohl letzten Konsequenz führte Beckett das avantgardistische „Anti-Theater" in dem zeitbezogenen „Endspiel" (1957), einer schaurig-burlesken Untergangsprophetie der Atomzeitalter-Menschheit und ihres durch Todesahnung zerstörten Lebens, personifiziert in vier in irgendeinem Bunker dem Ende preisgegebenen Rest-Menschen in vollkommener Resignation und Auflösung (ohne Hoffnung auf einen Godot): einem abgedankten sadistischen Herrentyp, der blind ist (Hamm), seinem gelähmten Diener (Clov), dem er in Haßliebe verbunden ist, und den beiden kindisch gewordenen Eltern, die beinlos in Abfallkübeln buchstäblich vermodern – Zustandstheater permanenter Verzweiflung, in englischer Sprache 1958 als „blasphemisch" verboten, von einer Bühne in München abgelehnt, weil seine „Aussage" wert- und hoffnungslos, die Einstellung zur Welt absolut nihilistisch sei.

(Franz Lennartz)

„Endspiel" ist viel schwächer als „Godot", dazu noch trostloser. Es zeigt die vier wahrscheinlich letzten Menschen: Hamm, der blind ist und nicht stehen kann, Clov, der nicht sitzen kann, und Hamms Eltern Nagg und Nell, die keine Beine haben und in zwei Mülleimern vegetieren. Hamm hält die anderen in tierischer Abhängigkeit. Die Handlung ist minimal, die Dialoge sind monoton und schleppend, nur ab und zu mit Drastik und Komik gewürzt.

(Reclam)

Im „Endspiel" (1957) seziert Beckett den Akt des Absterbens, eines Absterbens, das freilich nicht von Nirwana-Mystik durchglüht ist, sondern das mit der Betonung von Gebrechen, Verwesung und niedrig Vegetierendem verzehrende Zweifel in die Existenz des Wesens Mensch setzt. In einem Turmgemach, fern aller lebendigen Natur, sitzt im Rollstuhl, blind und lahm, mit blutbeflecktem Taschentuch und Signalpfeife, Hamm. Er spielt mit Clov, seinem Diener, das gleiche Spiel vom Nur-noch-Vorhandensein, dieser Summe von „Augenblicken, die gleich null sind und doch zählen", diesmal ein Endspiel. In Mistkübeln vegetieren die Rümpfe seiner senilen Eltern. Ratte und Floh werden vernichtet, damit nur ja aus ihnen keine neue Menschheit sich entwickle ... Die Werke von Beckett variieren alle das Thema: „Mein Leben ist zu Ende und dauert zugleich noch an."

(Margret Dietrich)

Die prästabilierte Harmonie von Verzweiflung herrscht zwischen den Formen und dem residualen Inhalt des Stücks. Das zusammengeschmolzene Ensemble zählt nur vier Köpfe. Zwei davon sind übermäßig rot, als wäre ihre Vitalität eine Hautkrankheit; die beiden Alten dafür übermäßig weiß wie schon keimende Kartoffeln im Keller. Recht funktionierende Körper haben sie alle nicht mehr, die Alten bestehen nur noch aus Rümpfen, die Beine haben sie übrigens nicht bei der Katastrophe, sondern offenbar bei einem privaten Unfall mit dem Tandem in den Ardennen, „am Ausgang von Sedan", verloren, wo regelmäßig eine Armee die andere zu vernichten pflegt; man soll sich nicht einbilden, gar so viel hätte sich geändert. Noch die Erinnerung an ihr bestimmtes Unglück jedoch wird beneidenswert angesichts der Unbestimmtheit des allgemeinen, sie lachen dabei. Im Unterschied zu den expressionistischen Vätern und Söhnen haben zwar alle Eigennamen, alle vier jedoch sind einsilbig, four letter words gleich den obszönen. Die praktischen und familiären Abkürzungen, die in angelsächsischen Ländern beliebt sind, werden als Stümpfe von Namen entblößt. Einigermaßen gebräuchlich, wenn auch obsolet, ist nur der der alten Mutter, Nell; der Alte heißt Nagg, nach Assoziation von nagging. Sie diskutieren darüber, ob man das Sägemehl in ihren Mülleimern erneuert hat; es ist aber kein Sägemehl mehr, sondern Sand. Nagg konstatiert, früher sei es Sägemehl gewesen, und Nell antwortet überdrüssig: „Früher." In dem Reich zwischen Leben und Tod, wo nicht einmal mehr leiden sich läßt, ist der Unterschied von Sägemehl und Sand der ums Ganze; Sägemehl, kümmerliches Nebenprodukt der Dingwelt, wird Mangelware und sein Entzug Verschärfung der lebenslänglichen Todesstrafe. Daß die beiden in Mülleimern logieren, nimmt wie Kafka die Konversationsphrase buchstäblich. „Heute werden die Alten in den Mülleimer geworfen", und es geschieht. Das Endspiel ist die wahre Gerontologie ... Auch die Umrisse von Hamm und Clov sind die einer einzigen Linie; die Individuation zur säuberlich selbständigen Monade wird ihnen versagt. Sie können nicht ohne einander leben. Die Macht Hamms über Clov scheint darauf zu beruhen, daß nur er weiß, wie der Speiseschrank aufgeht, etwa wie nur ein Prinzipal die Kombination kennt, auf die das Schloß eines Kassenschrankes eingestellt ist. Er wäre bereit, ihm das Geheimnis zu verraten, wenn Clov schwüre, ihn – oder „uns" – „zu erledigen". In einer fürs Gewebe des Stücks überaus charakteristischen Wendung antwortet Clov: „Ich könnte dich nicht erledigen", und als mokierte das Stück sich über den Mann, der Vernunft annimmt, sagt Hamm: „Dann wirst du mich nicht erledigen." Auf Clov ist er angewiesen, weil dieser allein noch verrichten kann, was beide am Leben erhält. Clov bleibt nichts übrig, als auszuwandern in die für die Abgeschiedenen nicht vorhandene Welt, mit einigen Chancen, dabei zu sterben. Selbst auf die Freiheit zum Tode darf er sich nicht verlassen. Zwar bringt er den Entschluß zu gehen auf, kommt auch wie zum Abschied herein: „Panama, Tweedrock, hellgelbe Handschuhe, Regenmantel überm Arm, Schirm und Koffer", mit einer musikalisch starken Schlußwirkung. Aber man sieht nicht seinen Abgang, sondern er bleibt „regungslos und teilnahmslos mit auf Hamm gerichteten Blick bis zum Ende stehen." Das ist eine Allegorie, aus der die Intention verpuffte. Von Unterschieden abgesehen, die entscheiden mögen oder ganz gleichgültig sind, ist sie identisch mit dem Anfang. Kein Zuschauer und kein Philosoph wüßte zu sagen, ob es nicht wieder von vorn beginnt. Dialektik pendelt aus.

(Theodor W. Adorno)

Wie Wladimir fixiert ist auf Godot, so ist Hamm fixiert auf das Ende – beides wertet das Leben ab. Das vom erwarteten Ende ausgelaugte Leben ist ein Spiel ohne Sinn, beherrscht von der Furcht, daß es von neuem beginnen könnte, durch eine Ratte, einen Floh, durch irgendein (zeugungsfähiges Individuum – wenn es nur nicht wieder losgeht!) Wenn das Leben nicht mehr strömt, sondern wie eine Zirkusnummer bewußt gespielt werden muß, dann wirkt es so komisch wie ein Gefühl, zu dem man sich entschließen, das man aber auch lassen könnte.

Man hat behauptet, Beckett sei der erste, der mit dem Nihilismus wirklich ernst mache. Eher aber ist er der erste, der auch den Nihilismus nicht mehr ernst nimmt. Was Hamm und Clov auch philosophisch bedeuten mögen – (Wir sind doch nicht im Begriff, etwas zu ... zu ... bedeuten?) fragt sich Hamm erschrocken (und danach folgt in Becketts Berliner Inszenierung höhnisches Gelächter) –, als Gestalten des Theaters sind sie die pure Poesie, Erben des Mimus, Figuren der Stegreifposse: Hamm ist eine Variante des alten, reichen Geizkragens Pantalone, und Clov ist der dümmliche aufsässige Diener Arlecchino, der seinen Herrn ärgert, wo es nur möglich ist, und ihn doch nicht verlassen mag. Die Stegreifspiele des Lebens, aus denen das „Endspiel" komponiert ist, werden als bewußte Programm-Nummern vorgeführt. Dazwischen gibt es träumerische Rückfälle in die Erinnerung, in die (goldene Zeit). Hamm weiß noch etwas vom Glück und der Poesie der Natur; wenn er (Flora, Pomona, Geres) sagt, ist es, als breche in der Wüste die Vegetation wieder auf. Auch weiß er, daß er der Vergebung bedürftig ist, und bittet oft um Verzeihung. Clov, der sich an keinen glücklichen Augenblick erinnern kann, kennt doch die barmherzige Lüge, mit der er Hamm das Leben für Augenblicke erleichtert.

Beckett kennt keine Antworten auf die uralten großen Fragen nach Gott, nach dem Sinn des Daseins und des Leidens, doch kennt er die Brüderlichkeit, das Mitleid, die Liebe, die Einsicht in die eigene Schwäche, und seien sie unter den Bosheiten des Alltags noch so tief versteckt. Er hat zwei Commedia-Figuren mit dem Bewußtsein des Todes und mit dem Schmerz begabt, denn Hamm und Clov müssen mehr als die Commedia vom Herrn und vom Hanswurst, sie müssen ihr Leben angesichts des Todes aus dem Stegreif spielen.

Daß der Mensch blind ist, krank und verstümmelt; angewiesen auf Hilfe, eingesperrt in eine winzige Welt, so sehr abgeschlossen vom Leben, daß es wie eine menschenleere Wüste erscheint; daß er in den großen Katastrophen Schuld auf sich geladen hat, um sich zu retten; daß er egoistisch und boshaft ist und sich doch nach der Liebe derer sehnt, die er lieblos behandelt hat; daß er nicht begreift, was mit ihm und durch ihn geschehen ist; daß er den Vater, den Anfang aller Unbegreiflichkeiten, verflucht und in der Angst doch nach ihm ruft; daß er verlassen wird, allein ist mit sich und mit dem Tod; daß er wie ein Schmierenkomödiant eine Rolle spielt, die er nicht versteht, so eitel wie unglücklich, so lächerlich wie erschreckend – wer bliebe da unbetroffen?

(Georg Hensel)

DIE SYMBOLIK DER GEGENSTÄNDE IN BECKETTS „ENDSPIEL“

In seinen exakten, sich eng an die Fakten und den Text des „Endspiels“ haltenden und den „Dingen“ auf den Grund gehenden Ausführungen sagt Alix Cohn-Blum:

Ein Clown wird mit den Objekten, mit denen er zu tun hat, nicht fertig. Suchspiel mit Leiter, Suchspiel mit Fernglas. (Das „Ausguck-Spiel“ befriedigt Hamm, weil es ihm seine unveränderte Einsamkeit bestätigt. Clov muß mit einem Fernglas bewaffnet auf eine Leiter klettern und Ausschau halten. Er sieht – nichts: keine Sonne, keine Möven, keinen Leuchtturm mehr, nur eine unbewegliche, bleigraue See. Jenseits der Zelle Hamms ist Leere, ist alles tot.)

Hamm sitzt blind und lahm im Rollstuhl (den er von Clov an den Wänden entlang schieben läßt, um dann in die Mitte der Zelle – in die Mitte seiner „Welt“ – und genau in die „Mitte“ zu kommen), Menschen leben in Mülleimern, es wird mit einem Floh, einer Ratte gekämpft, mit einem Stoffhund, einem Taschentuch gespielt, ein Wecker läutet (das Wecker-Spiel zeigt die Verbundenheit Hamms und Clovs). Alles steht klar und deutlich im einzelnen, im ganzen aber unbegreiflich nebeneinander ...

Auf die Struktur des Stückes bezogen, erhalten die in ihrer Vereinzelung sinnlos erscheinenden Elemente ihren Sinn: der Clown, der mit den Gegenständen nicht fertig wird, ist der Fremde. Der Mann im Rollstuhl und die Menschen in den Tonnen sind gefangen in ihrem kreatürlichen Elend. Der Unterschied zwischen Rollstuhl und Tonnen ist nicht mehr groß. Der Floh und die Ratte (die Leiter, das Fernglas, der Stoffhund) sind Teile ... der Realität, die in Hamms Vorstellungswelt einbricht. Das Läuten des Weckers evoziert das Aufwachen Hamms aus seiner imaginären Welt, das Nahen des Todes.

Clovs Worte „J' ouvre la porte du cabanon et m'en vais“ sind schwer zu verstehen ... Clov sagt nicht, daß man ihm erlaubt habe zu gehen, aber er sieht sich gehen. Clov sagt nicht, daß man ihm erlaubt habe, die Türe zu öffnen, aber er sieht sich sie öffnen. Hat Clov sich selbst befreit? Für Clov scheint es also eine Möglichkeit der Befreiung zu geben, für Hamm nicht. Hängt das mit der individuellen Schuld zusammen, die Hamm auf sich geladen zu haben scheint? Daß er Mère Pegg kein Öl gegeben hat, daß er die Menschen, die er hätte retten können, nicht gerettet hat? Wie die Türe das Bild der Hoffnung Clovs ist, so ist die Mauer das Bild der Angst Hamms.

Hinter der Mauer scheint hier nicht mehr das „Draußen" zu sein, eine zwar erstarrte, aber dem Menschen immerhin noch bekannte Welt mit Erde und Meer. Hinter der Mauer lauert jetzt etwas ganz anderes: das Unbekannte, das Dunkel, die Stille, die ungeheure Leere des Raumes (l'infini du vide), in den das Subjekt der Fiktion, das die Welt beherrscht und manipuliert hat, als ein unendlich Kleines geschleudert wird. Deshalb horcht Hamm angstvoll nach dem Ton der Steine. Der hohle Ton zeigt ihm das Brüchige der Mauer, das Herandringen der unheimlichen Leere an.

Seine letzten Worte richten sich an das Tuch, mit dem er sich anschickt, sein Gesicht zu verhüllen. Auch zu Beginn des Stücks war das Gesicht des Schlafenden mit dem Tuch bedeckt, hat der Erwachende das Tuch: „Vieux linge" genannt. Jetzt wiederholt Hamm: „Vieux linge", fügt aber hinzu: „Toi – je te garde".

In der Welt Becketts gibt es nur wenige Gegenstände. Einzelne, wie wir in „Fin de Partie" sehen, bleiben noch übrig. Die letzten aber wirft Hamm am Ende auch von sich: le sifflet (das Zeichen der Herrschaft), la gaffe (das Werkzeug), le chien (das künstliche Produkt, das er anstelle des lebendigen setzen wollte). Warum hält er den allerletzten Gegenstand fest?

Hamm, der das Tuch vor sich hält, gleicht dem „défenestré", der sich am „Fenstersims" des Daseins anklammert. Das heißt aber: Hamm gibt nicht auf, sondern hält, im Ende, schweigend stand. So zeigt Hamm in seiner Niederlage tragische Würde, erhält er etwas von der „majesté Shakespearienne d'un roi Lear". Das Tuch aber, das „Ding", das keinem praktischen Zweck mehr dient, wird, für das Dasein stehend, bedeutend in sich selbst.

Das Schlußbild stellt die beiden Gestalten Hamm und Clov dar, den schweigend standhaltenden, mit dem Tuch sich verhüllenden Hamm und den reisefertigen Clov. Wir haben also – mit Ausnahme der absurden Reiseausrüstung Clovs, die allerdings als Zeichen für den gefaßten Entschluß wichtig genug ist – im Endbild nahezu wieder die Anfangssituation vor Augen. Könnte so das Stück wieder von vorne beginnen, wie Adorno es für wahrscheinlich hält? Beckett hat auf eine Frage bei den Proben zur Berliner Aufführung geantwortet: „Zwischen Anfang und Ende liegt der kleine Unterschied, der zwischen Anfang und Ende eben liegt." Der „kleine Unterschied" aber liegt darin, daß Hamm und Clov nicht mehr dieselben sind wie am Anfang, daß Hamm nicht mehr Herr und Clov nicht mehr Knecht ist, daß in dem eindrucksvollen Schlußbild der eine an die Schwelle zum Tode, der andere an die Schwelle zu einer, wenn auch noch so unbestimmten Freiheit gelangt ist. Wie können Hamm und Clov da dasselbe Stück noch einmal spielen? –

Eugène Ionesco:

„DIE NASHÖRNER"

EUGENE IONESCO: LEBEN UND WERK (KURZBIOGRAPHIE)

Geboren 26. November 1912 in Slatina/Rumänien.
Vater: Rechtsanwalt.
Mutter: Französin.
Familie zieht 1913 nach Paris, 1925 zurück nach Rumänien.
Scheidung der Eltern.
Schulbesuch Eugène Ionescos in Rumänien, dann Literaturstudium an der Universität Bukarest.
Literaturkritiker für verschiedene Zeitschriften und Französischlehrer an der Universität Bukarest.
1940–43 in Marseille, seitdem in Paris ansässig.
1970 zum Mitglied der französischen Akademie ernannt.
Werke: Erzählungen und Dramen (1950: „Die kahle Sängerin", „Die Unterrichtsstunde", „Die Stühle", „Opfer der Pflicht").
„Die Nashörner" 1957 als Erzählung erschienen, 1959 als Bühnenwerk.
Die Welturaufführung fand am 25. Januar 1960 in Düsseldorf statt, dann folgte Paris (Odèon) mit Jean-Louis Barrault und London (Royal Court Theatre) mit Sir Laurence Olivier in der Hauptrolle. Mit „Rhinocéros" brachte es Ionesco zu einem Welterfolg; er war von nun an einer der führenden Autoren des modernen „absurden" Theaters.

GANG DER HANDLUNG

Im Gegensatz zu Samuel Becketts „Warten auf Godot“ und „Endspiel“ ist Eugène Ionescos „Die Nashörner“ ein mit weniger Problematik befrachtetes, daher leichter verständliches, konventionelleres und humorvolles Stück. Nichtsdestoweniger greift es ein entscheidendes Problem unserer Zeit auf: die Entmenschung, Entpersönlichung, Vermassung des Menschen unserer Zeit, die in Nivellierung und „Uniformierung“ (hier in einem besonderen, drastischen Sinne) besteht, den Widerstand des „letzten“ Menschen (Behringer) gegen die Umwandlung der Individualität, seine Selbstbehauptung angesichts eines Kollektivschicksals, das alle seine Mitmenschen betrifft (und seine gelegentliche „Sehnsucht“, so zu werden, wie alle es sind).

ERSTER AKT

Das Stück spielt in einer kleinen Provinzstadt, einer mittleren Stadt, wie sie überall, in jedem Lande zu finden ist. Das Bühnenbild zeigt links die Front eines Kolonialwarengeschäftes, rechts eine Gaststätte, vor der einige Tische und Stühle fast bis zur Mitte der Bühne hin stehen. Hans, sehr sorgfältig gekleidet und von gepflegtem Äußeren, und der im Gegensatz zu ihm ungepflegte, unrasierte, nachlässig gekleidete Behringer nehmen an einem der Tische Platz. Hans macht Behringer Vorwürfe wegen seines Aussehens. In ihre Unterhaltung hinein dröhnt, sehr weit weg, aber sich rasch nähernd, das Schnaufen eines wilden Tieres, sein rasches Galoppieren und sein langgezogenes Schnauben. Als das galoppierende Geräusch des mächtigen und schweren Tieres immer deutlicher vernehmbar wird, erkennen Hans, Behringer, die Kellnerin und Kolonialwarenhändlerin ein vorbeilaufendes Nashorn und geben in lebhaften Ausrufen ihrem Erstaunen Ausdruck. Während weitere Gäste, ein älterer Herr und ein Logiker eintreffen, breitet sich der Staub, den das Tier aufgewirbelt hat, über die Bühne aus, was von allen zusammen mit dem Wirt mit den Worten „Das ist doch die Höhe! Ein Nashorn!“ quittiert wird. Das Nashorn verschwindet in der Ferne aber die Angst steckt noch allen, besonders einer einkaufenden Hausfrau, in den Knochen. Der Logiker meint: „Die Angst ist irrational. Die Vernunft muß sie überwinden." Das Gespräch kreist nun um die Herkunft, das Erscheinen und Aussehen des Nashorns. Merkwürdige Vermutungen, woher es gekommen sein könnte, werden laut: vielleicht aus einem Zirkus oder aus den sumpfigen Wäldern der Umgebung? Daisy erscheint, eine junge blonde Sekretärin, in die Behringer verliebt ist, verschwindet aber bald wieder, während der Logiker interessante Syllogismen erklärt, zum Beispiel, daß Waldi und Hasso (zwei Hunde), weil sie vier Pfoten haben, und Sokrates, weil er gestorben ist, Katzen sind, weil auch Katzen vier Pfoten haben und sterblich sind. In diese syllogistischen Ausführungen hinein, deren Sinn oder Unsinn von den Anwesenden diskutiert wird, ertönt das neuerliche Geräusch eines herangaloppierenden Nashorns. Es eilt in vollem Lauf auf dem Bürgersteig dahin, stürmt an den Marktständen vorbei, zertrampelt eine Katze und treibt fliehende Menschen vor sich her. Man diskutiert darüber, ob es dasselbe Nashorn war wie vorhin oder ein anderes.

Händler. Es ist vor kurzem schon mal an meinem Laden vorbeigelaufen.
Hans. Es war nicht dasselbe.
Händlerin. Oh doch, es war dasselbe.
Daisy. Schon das zweite Mal, daß eins vorbeirennt?
Wirt. Ich glaube, es war dasselbe.
Hans. Nein, es war nicht dasselbe Nashorn. Das von vorhin hatte zwei Hörner auf der Nase. Es war ein indisches Nashorn. Dieses hier hatte nur eins, es war ein afrikanisches!
Behringer (plötzlich verärgert zu Hans). Sie erzählen Unsinn! Wie konnten Sie die Hörner unterscheiden! Die Bestie raste mit einer solchen Geschwindigkeit vorbei, daß wir sie kaum sehen konnten!

Während man ausführlich darüber diskutiert, ob das indische Nashorn ein Horn, das afrikanische zwei Hörner hat oder umgekehrt, greift der Logiker ein und meint, daß es auch möglich wäre, daß das erste Nashorn eines seiner beiden Hörner verloren haben könnte oder daß zwei Nashörner mit je zwei Hörnern beide eins ihrer Hörner verloren haben könnten. Die Hausfrau tritt in Trauerkleidung auf, um ihre zertretene Katze, die sie in einer Schachtel mit sich führt, zu beerdigen. Alle sind sich einig darüber, daß man etwas gegen die Nashörner unternehmen müsse und es nicht zulassen dürfe, daß Katzen von ihnen zertreten werden.

ZWEITER AKT

Erstes Bild

Die Szene zeigt das Büro eines juristischen Verlagshauses. In minuziöser Weise -- so wie die Bühnenanweisungen naturalistischer Dramen – werden die Einrichtung des Büros und das Aussehen der in ihm tätigen Personen geschildert:
„Hinten in der Mitte eine große Doppeltür. Darüber ein Schild: „Abteilungsleiter“. Hinten, links neben der Doppeltür, der kleine Tisch von Daisy mit einer Schreibmaschine. An der linken Wand, zwischen einer Tür, die zum Treppenhaus führt, und dem kleinen Tisch von Daisy, noch ein Tisch, auf dem die Anwesenheitsliste liegt, welche die Angestellten beim Eintreffen unterschreiben müssen. Jenseits der Tür, welche zum Treppenhaus führt, sieht man die obersten Stufen der Treppe, das heraufführende Geländer und den kleinen Treppenabsatz. Vorne im Zimmer ein Tisch mit zwei Stühlen. Auf dem Tisch Korrekturbögen, ein Tintenfaß, mehrere Federhalter. Das ist der Tisch, an dem Wisser (rechts) und Behringer (links) arbeiten. An der rechten Wand ein weiterer, größerer rechteckiger Tisch, auf dem ebenfalls Korrekturbögen etc. liegen. An diesem ebenfalls zwei Stühle, aber pompösere, die sich gegenüberstehen. Es ist der Tisch von Stech und Herrn Ochs. Stech wird sich auf den Stuhl, der an der Wand steht, setzen und wird auf diese Weise die anderen Angestellten vor sich haben. Er ist stellvertretender Abteilungsleiter. Zwischen der Doppeltür hinten und der rechten Wand ein Fenster. Wenn das Theater einen Orchester-

graben hat, ist es besser, dieses Fenster in Form eines einfachen Rahmens ganz vorn an der Rampe anzubringen. In der rechten Ecke hinten ein Kleiderständer, woran die grauen Arbeitskittel oder alte Jacken hängen. Unter Umständen kann auch der Kleiderständer, wie das Fenster, ganz vorne, nahe der rechten Wand sein.
Den Wänden entlang Reihen von Büchern und staubigen Akten. Hinten links, über den Büchern, Schilder mit den Aufschriften „Gerichtsentscheide", „Gesetzbücher". Auch an der rechten Wand, die leicht schräg steht, damit man die Aufschriften lesen kann, Schilder: „Amtsblatt", „Steuerrecht". Eine Uhr über der Doppeltür zeigt 9 Uhr 03. Wenn der Vorhang aufgeht, steht Stech neben seinem Stuhl, ihm gegenüber etwas entfernt, Wisser. Zwischen beiden, an demselben Tisch, der Abteilungsleiter und etwas hinter ihm, links, Daisy. Daisy hat einige betippte Blätter in der Hand. Auf dem Tisch, um den die drei herumstehen, ist eine große Zeitung über die Korrekturbögen ausgebreitet.
Nach dem Öffnen des Vorhangs verharren die Darsteller einige Augenblicke unbeweglich in dieser Stellung, in der auch die ersten Sätze gesprochen werden. Diese Stellung muß eine Art lebendes Bild sein. Genauso übrigens der Beginn des ersten Aktes.

Der Abteilungsleiter, in den Fünfzigern, korrekt gekleidet, marineblauer Anzug, Band des Bundesverdienstkreuzes, gestärkter Aufknöpfkragen, schwarzer Schlips, großer, schwarzer Schnurrbart. Er heißt Herr Schmetterling.

Stech, fünfunddreißig Jahre, grauer Anzug, trägt Ärmelschoner aus schwarzem Glanzscido. Er kann eine Brille tragen. Er ist ziemlich groß. Ein Angestellter mit Zukunft. Wenn der Abteilungsleiter Vizedirektor würde, so würde Stech Abteilungsleiter. Wisser schätzt ihn nicht.

Wisser, entlassener Volksschullehrer. Von kurzem Wuchs, stolze Haltung, kleiner, weißer Schnurrbart. Ca. 60 Jahre alt, die er mit Anstand trägt. Er weiß alles, versteht alles, beurteilt alles. Er trägt eine Baskenmütze, eine lange graue Arbeitsjacke und eine ziemlich starke Brille. Hinterm Ohr ein Bleistift. Und ebenfalls glanzseidene Ärmelschoner.

(Später) Frau Ochs. Dicke Frau von vierzig oder fünfzig, verweint und außer Atem.

Die Darsteller stehen also, während der Vorhang aufgeht, unbeweglich um den rechten Tisch herum: Der Abteilungsleiter zeigt mit ausgestrecktem Arm und Zeigefinger auf die Zeitung. Stech hält seine Hand auf Wisser zu, als wollte er sagen: „Bitte schön, Sie sehen's ja, da steht's." Wisser, die Hände in den Taschen, lächelt ungläubig, als wollte er sagen: „Sowas kann man mir doch nicht erzählen."
Die Angestellten unterhalten sich über das Erscheinen des Nashorns. In der Zeitung liest man, daß eine Katze von einem durch die Stadt rasenden Dickhäuter zertrampelt worden sei. Behringer, fast zu spät kommend und sich bei Herrn Schmetterling entschuldigend, trägt sich in die Anwesenheitsliste ein. Wisser bestreitet, daß man ein Nashorn gesehen habe, Daisy bezeugt es und will ihre Hand dafür ins Feuer legen. Es sei ein sehr dickes Tier gewesen von großer Häßlichkeit. Behringer stimmt Daisy bei. Der Abteilungsleiter, Herr Schmetterling, unterbricht die „fruchtlose Diskussion" und bittet seine Angestellten, nicht ihre Zeit mit Geschichten über wirkliche oder erfundene Tiere zu vergeuden.
Da erscheint Frau Ochs, um die Abwesenheit ihres Mannes, der eine leichte Grippe habe, zu entschuldigen. Er sei übers Wochenende zu Verwandten gereist und könne nicht kommen. Frau Ochs ist völlig außer Atem. Sie berichtet, ein Nashorn habe sie von ihrer Haustür bis hierher verfolgt.

Frau Ochs (mit Mühe). Ein Nashorn . . . ein Nashorn . . . ein Nashorn hat mich von meiner Haustür bis hierher verfolgt . . .
Behringer. Mit einem oder zwei Hörnern?
Wisser. (lacht laut) Daß ich nicht lache!
Stech. (entrüstet) Lassen Sie sie doch ausreden!

Frau Ochs. (macht eine große Anstrengung, um sich deutlicher auszudrücken und zeigt mit dem Finger zur Treppe) Da, da unten, am Eingang. Es scheint, es will die Treppe herauf.
(Im gleichen Augenblick hört man Lärm. Man sieht, wie die Treppenstufen unter einem ohne Zweifel gewaltigen Gewicht zusammenbrechen. Man hört von unten her ängstliches Schnauben. Nachdem sich der Staub, den der Zusammenbruch der Treppe hervorrief, etwas gelegt hat, sieht man den Treppenabsatz in die Luft ragen).

Daisy. Mein Gott! . . .

Frau Ochs. (auf ihrem Stuhl, die Hand auf dem Herzen) Oh! Ah!
(Behringer ist um Frau Ochs bemüht, klopft ihr die Wangen, gibt ihr zu trinken).

Behringer. Beruhigen Sie sich!
(Währenddessen stürzen Schmetterling, Stech und Wisser nach links, öffnen die Tür, wobei sie sich gegenseitig stoßen, und stehen in Staub gehüllt auf dem Treppenabsatz, der in die Luft ragt. Man hört weiterhin das Schnauben).

Daisy. Geht es Ihnen besser, Frau Ochs?

Schmetterling. (auf dem Treppenabsatz) Da ist es! Dort unten! Es ist eins!

Wisser. Ich sehe überhaupt nichts. Pure Einbildung.

Stech. Aber ja, da, da unten. Es dreht sich im Kreis.

Schmetterling. Meine Herren, zweifellos. Es dreht sich im Kreis.

Behringer. Es hat zwei Hörner. Ein afrikanisches Nashorn. Oder vielmehr ein indisches. Ach, ich weiß nicht mehr, ob das afrikanische Nashorn zwei Hörner oder eins hat.

Schmetterling. Es hat unsere Treppe kaputtgemacht. Um so besser. Sowas mußte ja kommen. Schon seit langem hatte ich die Direktion ersucht, diese wurmstichige Treppe durch Zementstufen zu ersetzen.

Stech. Keine Woche ist's her, daß ich darüber einen Bericht machte, Herr Abteilungsleiter.

Schmetterling. Das mußte ja kommen, das mußte ja kommen. Das war vorauszusehen. Ich hatte recht.

Daisy. (zu Herrn Schmetterling, ironisch) Wie immer.

Behringer. (zu Stech und Schmetterling) Wie ist das eigentlich? Bezeichnet die Zweihörnigkeit das Nashorn aus Asien oder das aus Afrika? Bezeichnet die Einhörnigkeit das aus Afrika oder Asien . . .

Das Schnauben des Nashorns dauert an. Frau Ochs ist aufgestanden und zur Gruppe getreten. Sie beobachtet einige Augenblicke aufmerksam das Nashorn, das sich unten im Kreis dreht, und stößt plötzlich einen schrecklichen Schrei aus.

Frau Ochs. Mein Gott! Ist es möglich?
Behringer. Was haben Sie?
Frau Ochs. Es ist mein Mann! Ochs, mein armer Ochs!
Daisy. Sind Sie ganz sicher?
Frau Ochs. Ich erkenne ihn, ich erkenne ihn!
(Das Nashorn antwortet mit einem heftigen, aber zarten Schnauben).
Frau Ochs. Mein armer Liebling, ich kann ihn nicht so lassen. (Man hört schnauben.) Er ruft mich. (Zärtlich.) Er ruft mich.

Die Anwesenden glauben, Frau Ochs sei übergeschnappt, man alarmiert die Feuerwehr, da man die Treppe nicht mehr benutzen kann, muß aber erfahren, daß die Feuerwehr wegen anderer Nashörner, die in fast allen Teilen der Stadt auftreten, nicht kommen kann. Verzweifelt springt Frau Ochs vom Treppenabsatz hinab, landet auf dem Rücken des Nashorns und galoppiert mit ihm davon. Wisser: „Eine Amazone". Endlich kommt die Feuerwehr heran, Leitern werden angelegt und die Angestellten des Verlagshauses heruntergeholt.

Zweites Bild

Das zweite Bild des Zweiten Aktes treibt die Groteske auf die Spitze. Nachdem Frau Ochs die Verwandlung ihres Mannes in ein Nashorn bestätigt hat, man ihr aber diesen außerordentlichen Vorgang nicht ganz glaubt, werden wir nunmehr selber Zeuge der Verwandlung eines Menschen in ein Nashorn: sie geschieht vor den Augen Behringers (und der Zuschauer) im Zimmer von Hans. Behringer, der Hans besucht hat, fällt eine gewisse Veränderung an Hans auf: Hans hat etwas Fieber, er leidet an Kopfschmerzen, seine Stimme wird heiser. Seine Stirne schmerzt; Behringer bemerkt an ihr eine kleine Beule, die zu wachsen beginnt. Das Gesicht von Hans nimmt eine grünliche Farbe an, seine Haut verhärtet sich, so daß Behringer rät, den Arzt kommen zu lassen, was Hans aber ablehnt. Gewisse Ausdrücke, die Hans gebraucht, wie z. B. „Ich bin Menschenfeind“, „Wenn Sie sich mir in den Weg stellen, zertrample ich Sie“, „Lassen Sie mich doch schnaufen“, „Ich liebe Veränderungen“, „Ich zertrete dich“, beunruhigen Behringer immer mehr. Er berichtet Hans von der Verwandlung von Ochs in ein Nashorn, wird aber von Hans deswegen ausgelacht. Hans wird zunehmend wilder, verteidigt die Existenz der Nashörner und verändert sein Aussehen dabei zusehends. Seine Haut wird ledern, er schwitzt, er läßt seine Hosen fallen, senkt den Kopf und stürzt auf Behringer, kaum verständliche Laute ausstoßend, zu. Jetzt ist es klar: Hans ist Nashorn geworden. Behringer stürzt die Treppe hinunter, zum Haus hinaus, sieht aber überall Nashörner vorbeirasen: „Eine ganze Herde davon ist auf der Straße! Eine Nashornarmee ... Sie brechen über die Bürgersteige her, sie zerstören alles ...“

DRITTER AKT

Die Szene stellt das Zimmer von Behringer dar. Behringer, immer noch äußerst deprimiert über die Verwandlung von Hans in ein Nashorn, die er Schritt für Schritt miterlebte, befürchtet bei sich selber ähnliche Veränderungen. Der eintretende Stech beruhigt ihn jedoch. Auf der Straße vorbeigaloppierende Nashörner erregen ihn wieder. Er trinkt Cognac, um gegen die Rhinozeritis gefeit zu sein. Stech teilt Behringer mit, daß ihr Abteilungsleiter, Herr Schmetterling, Nashorn geworden ist. Behringer ist aufs äußerste erregt, neuer Lärm der Nashörner dringt von der Straße herauf. Auch der Logiker stürmt als Nashorn daher, man erkennt ihn an dem Strohhut, den ein Nashorn auf seinem Horn aufgespießt hat.

Behringer, fast wahnsinnig, schreit: „Ich werde euch nicht folgen!" Daisy erscheint und teilt mit, daß auch Wisser zum Nashorn geworden ist.

Behringer. Nicht möglich! Er war dagegen. Sie müssen sich irren. Er hatte protestiert. Stech erzählte es mir gerade.

Daisy. Ich weiß, daß er dagegen war. Und doch ist er Nashorn geworden, vierundzwanzig Stunden nach der Wandlung von Herrn Schmetterling.

Stech. Bitte! Er hat die Meinung geändert. Jeder hat das Recht, sich weiterzuentwickeln.

Behringer. Gab er einen Grund an?

Daisy. Er sagte wörtlich: Man muß mit der Zeit gehen! Das waren seine letzten menschlichen Worte!

Stech. Er ist seinem Chef gefolgt, dem Instrument seiner Ausbeuter, wie er ihn nannte. Bei ihm, so scheint mir, ist es der Gemeinschaftsgeist, der stärker als seine anarchistischen Anwandlungen war.

Behringer. Aber gerade die Nashörner sind doch anarchistisch, weil sie in der Minderheit sind.

Stech. Noch sind sie's, noch!

Ein Viertel der Einwohner der Stadt sind bereits Nashörner geworden. Man hat Mühe, etwas Eßbares aufzutreiben: sie verschlingen alles. Viele Läden sind geschlossen. „Wegen Verwandlung geschlossen" steht auf den Schildern.

Immer mehr Nashörner stürmen vorbei, ganze Regimenter. Stech fühlt einen unwiderstehlichen Drang, ihnen zu folgen, nur Daisy und Behringer bleiben noch als „Menschen" übrig.

Es gibt nur noch Nashörner, auch die Feuerwehr und die Behörden sind zu ihnen übergegangen. Die Erde bebt von dem Trampeln der Tiere, das Haus wird erschüttert, Gips fällt von der Decke und der Lärm, den das Schnauben der Dickhäuter und der heiße Atem der wilden Bestien erzeugt, wird so stark, daß man sein eigenes Wort nicht mehr verstehen kann. Behringer schlägt Daisy vor, als „letztes Menschenpaar" Kinder zu zeugen und die Menschheit zu erneuern.

Behringer. Hör, Daisy. Wir können etwas tun. Wir werden Kinder haben. Unsere Kinder werden wieder welche haben. Das braucht Zeit. Aber wir zwei, wir können die Menschheit erneuern.

Daisy. Die Menschheit erneuern?

Behringer. Das ist schon vorgekommen.

Daisy. Ja, früher Adam und Eva ... Die hatten sehr viel Mut.

Behringer. Wir auch, wir können auch Mut haben. Es gehört übrigens gar nicht mal soviel dazu. Es kommt ganz von allein, mit der Zeit, mit etwas Geduld.

Daisy. Wozu das?

Behringer. Doch, doch, nur ein bißchen Mut! Ein klein bißchen.

Daisy. Ich will keine Kinder haben. Sie sind mir lästig.

Behringer. Wie willst du dann aber die Welt retten?

Daisy. Wozu sie retten?

Behringer. Was für eine Frage! ... Tu's für mich, Daisy. Retten wir die Welt.

Daisy. Vielleicht sind wir es, nach allem, die gerettet werden müssen. Vielleicht sind wir die Anormalen.

Behringer. Du redest Unsinn, Daisy, du hast Fieber.

Daisy. Siehst du noch andere wie uns?

Behringer. Daisy, ich mag dich nicht so sprechen hören.

(Daisy schaut nach allen Seiten. Nach allen Nashörnern, deren Köpfe man an den Wänden, an der Tür, auf dem Treppenabsatz auf auch an der Rampe sieht).

Daisy. Das sind jetzt die Leute! Sie sehen so fröhlich aus. Sie fühlen sich wohl in ihrer Haut. Sie sehen gar nicht verrückt aus. Sie sind sehr natürlich. Sie haben recht gehabt.

Behringer. (ringt die Hände und schaut Daisy verzweifelt an) Wir sind es, die recht haben, Daisy, verlaß dich darauf.

Daisy. Was für eine Anmaßung! ...

Behringer. Du weißt genau, daß ich recht habe.

Daisy. Es gibt kein absolutes Recht. Es ist die Welt, die recht hat. Weder du noch ich.

Immer mehr gerät Daisy in Ekstase. Das wilde Schnauben der Nashörner empfindet sie als Gesang, ihr ungestümes Dahinstürmen als Tanz. Behringer stellt fest, daß Daisy und seine Meinungen über die Nashörner völlig voneinander abweichen. Daraufhin verläßt Daisy den Raum. Auch sie schließt sich den Nashörnern an, wird Nashorn. Jetzt ist nur noch Behringer übriggeblieben. Er ist somit der „letzte" Mensch. Aber er will nicht kapitulieren. „Euch werde ich nicht folgen! Ich bleibe, was ich bin. Ich bin ein menschliches Wesen. Ein Mensch." Nichtsdestoweniger hat er ein schlechtes Gewissen: er kann nicht so sein wie alle, er ist und bleibt ein Außenseiter, er fühlt sich als „Ungeheuer", aber er ist entschlossen, sein Menschentum, seine Individualität, seine Identität gegen alle Welt zu verteidigen.

KURZE CHARAKTERISTIK DER HAUPTPERSONEN

In seinem Aufsatz über Ionescos „Rhinocéros" charakterisiert Wolfgang Leiner die Hauptpersonen dieses „anti-totalitaristischen" Stückes folgendermaßen:
Die Personen der „Rhinocéros" sind mit eigenem Charakter begabte Figuren, wenngleich die Charakterzeichnung eher skizziert als im Detail ausgeführt ist. Es sind Wesen, die bei aller Typisierung realere, menschlichere Züge tragen als die früheren Gestalten Ionescos. Jean (Hans) erscheint als ein geschniegelter, dünkelhafter, eitler Beau, dessen egozentrische Selbstgefälligkeit sich in einem beklemmenden Mangel an Toleranz ausdrückt. Im Gegensatz zum engstirnigen Jean ist Dudard (Stech) ein liberaler Geist. Die gleichgültige Duldsamkeit, die er den Menschen und den Ideen seiner Umwelt gegenüber bezeigt, ist allerdings eher ein Resultat seines Unvermögens, sich eine klare Vorstellung über Gut und Böse zu machen, denn das Ergebnis echter Toleranz.
Botard (Wisser) ist der typische Räsonneur, ein Haarspalter, der an den Logiker des ersten Aktes erinnert. Auch er betrachtet sich als Intellektuellen. In Wirklichkeit entpuppt er sich allerdings als ein „faux intellectuel", der sich den Argumenten des physisch Stärkeren beugt.

Madam Boeuf (Frau Ochs) zeigt ein Verhalten, das ganz in Einklang steht mit der Vorstellung, die ihr Name auslöst. In blindem Gehorsam folgt sie allen Entscheidungen, die ihr Gatte trifft. Sie versagt es sich selbst dann, die eigene Urteilskraft zu bemühen, wenn die Begeisterung ihres Mannes für gefährliche Abenteuer ihre Existenz als menschliches Wesen in Frage stellt.

Daisy schließlich verkörpert das hübsche Weibchen, das sich in der grenzenlosen Bewunderung der außerordentlichen Kraft und Energie männlicher Wesen zu erschöpfen scheint. Physische Kraft und Schönheit sind die einzigen Eigenschaften, die ihr imponieren, sie faszinieren und in den Abgrund ziehen.

Bérenger (Behringer) ist die am differenziertesten dargestellte Gestalt des Schauspiels, die sich vor allen anderen als Persönlichkeit bezeichnen läßt. „Béringer est, j'espère, surtout un personnage. Et s'il résiste au temps c'est parce qu'il aura été un personnage." Es ist die Persönlichkeit Bérengers, die ihn in die Lage versetzt, sich der Flut des Konformismus, die alle anderen mitreißt, entgegenzustemmen. Als Vertreter eines Ideals, das jene, die sich in Nashörner verwandeln, verraten, verteidigt Bérenger einen Humanismus, der von einer totalitären Ideologie bedroht wird. Dieser eigentliche und echte Held des Schauspiels ist nicht nur von Anbeginn an stärker individualisiert als die übrigen eher typisierten Figuren; sein Charakter läßt im Verlauf des Stückes auch eine begrenzte Entwicklung erkennen, die ihn an die Helden des konventionellen Theaters heranrückt. Zu Beginn indolent gegenüber der Mitwelt, von Zweifeln am Sinn der Existenz geplagt, verwandelt er sich im Laufe des Spiels in einen Menschen, der entschlossen für ein Ideal kämpft.

„DIE NASHÖRNER" – EIN POLITISCHES STÜCK

Ionescos Schauspiel „Die Nashörner" ist ein im weitesten Sinne politisches Stück. Es beinhaltet die entstehende, zunehmende, sich immer mehr ausbreitende und schließlich konsolidierende Entstehung eines totalitären Systems, eines Systems, das zur Entpersönlichung des Individuums ,zum Entzug der Freiheit für den Einzelnen, zur völligen Gleichschaltung aller und zur allgemeinen Vermassung führt.

Ionesco hat selber diesen Sinn seines Stückes wiederholt eindeutig bezeugt. Er sagt, es sei ihm darum gegangen, zu zeigen, „wie eine Ideologie sich in eine Idolatrie verwandelt, wie sie die Massen in einen Zustand der Hysterie versetzt", wie sie einen Fanatismus erzeugt, „der von totalitären Diktatoren, von Herrschern, die über einige Morgen Land oder über Kontinente regieren", genutzt wird, um alle Menschen einer allgemeinen Gleichförmigkeit des Lebens wie des Denkens zu unterwerfen. „Die Allegorie", sagt Ionesco, „ist deutlich. Der Triumph der Nashörner, der Triumph der bornierten und brutalen Gewalt, der Angst, die sie weckt, der Verlockungen, die sie bietet: es ist der Triumph der totalitären Ideologie, des gesellschaftlichen Druckes, dessen sie sich bedient, des Einverständnisses, das sie im Unterbewußtsein der Individuen findet, die, scheinbar frei, immer bereit sind, dem Ruf der Herde zu folgen."

Denkt man nicht unwillkürlich an Goethes Worte aus „Faust II"?

Und auf vorgeschriebenen Bahnen
Zieht die Menge durch die Flur.
Den entrollten Lügenfahnen
Folgen alle – Schafsnatur!

„Der Angriff auf das individuelle Ich", meint Ionesco, „die Verneinung dieses persönlichen Ichs", die Unterbindung und Unterdrückung der persönlichen Freiheit des Einzelnen, sei es im Tun, sei es im Reden, sei es im Denken, scheint eine Frucht der kollektivistischen, antipersonalistischen Tendenzen dieses zwanzigsten Jahrhunderts zu sein: des Nazismus der dreißiger und vierziger Jahre und des linksgerichteten östlichen Totalitarismus der sechziger und siebziger Jahre.

Dieser Konformisierung der Individuen, der Entmächtigung und Vernichtung der Einzelpersönlichkeit (die zu Beginn des Stücks von dem Nashorn zu Tode getrampelte Katze ist ein Symbol dafür!), der Fanatisierung und „Uniformierung" der Massen, der Sucht nach Überläuferei, dem Willen zum Mitläufertum und zur „Angleichung" an die „Mehrheit" setzt Behringer sein entschiedenes „Nein! Ich kapituliere nicht!" entgegen. Behringer wird somit zum Widerstandskämpfer, zu einem Vertreter der allerdings nur noch ganz auf sich selbst gestellten, von allen Mitmenschen, die die „gesellschaftlichen Notwendigkeiten" verstanden zu haben glauben, im Stich gelassenen Opposition gegen den Totalitarismus, gegen die Diktatur der Masse. Er wird damit – ganz im Sinne des klassischen Dramas – zu einem „Helden". In seinen „Notes et contre-notes" sagt Ionesco: „Behringer, mein Held der „Nashörner", ist einer von jenen Menschen, die in einer Atmosphäre der Unterdrückung, einer politischen Form der Diktatur nämlich, der alle zuzustimmen scheinen, die Meinung jener vertreten, die n i c h t einwilligen: dank ihrer Haltung wird das Schlimmste vermieden." („Bérenger, mon héros de „Rhinocéros", est tout à fait un de ceux qui, dans une société d'oppression, dans sa forme politique, la dictature où tout le monde paraît consentant, témoignent de l'avis de ceux qui ne sont pas consentants: car c'est alors que le pire est évité.")
In der Fülle der Ja-Sager ist, um mit Brecht zu sprechen, Behringer der einzige und mutige Nein-Sager. Er sagt „Nein!" zu einem System, das den Menschen vergesellschaften, nivellieren, seiner Menschlichkeit und Individualität, seiner Eigengesetzlichkeit und Eigentümlichkeit, seiner Würde und Freiheit berauben will. Zwar fechten auch ihn Zweifel an, ob er recht damit tut, sich dem allgemeinen Trend, dem allgemeinen „Linksdrall" entgegenzustellen, von dem er anscheinend hoffnungslos überrollt wird, ob er nicht besser daran täte, sich anzuschließen, mitzumachen, mit den Wölfen zu heulen (hier: mit den Nashörnern zu schnauben und zu trampeln) – aber er bleibt sich selber treu, stemmt sich mit aller Kraft der Bedrohung des Menschen entgegen, um die Freiheit der Persönlichkeit, um den Humanismus zu retten.

DIE ENTPERSÖNLICHUNG DES MENSCHEN – DAS THEMA DER „NASHÖRNER“

Auch Eugène Ionesco (1912 in Rumänien geboren) bietet trotz aller grotesken Elemente seines Theaters eine düstere Weltsicht. Der Einbruch eines „absurden“ Vorfalls in eine banal-komische Ausgangssituation bewirkt einen Wandel zum Tragischen, in dem die Ängste und Träume, von denen sich der Autor immer wieder bedrängt fühlt, Gestalt finden. Ionesco hat versichert, daß es ihm darum gehe, seine inneren Nöte und Befürchtungen künstlerisch zu bannen; nicht aber will er – hierin steht er in bewußtem Gegensatz zu Bertolt Brecht – eine ideologische Belehrung geben.
Nach einer bereits vorausgegangenen Fülle von Stücken, die mit „La Cantatrice chauve“ (1950) eingeleitet wurden, erlebte „Rhinocéros“, vorher schon als Novelle konzipiert, seine Erstaufführung 1960 in der Inszenierung von Jean-Louis Barrault. Bérenger, der Held des Stücks, macht eine Entwicklung durch. Anfangs wirkt er alles andere als imponierend gegenüber der anmaßenden, aber pedantischen und dummen Selbstsicherheit der Gegenspieler und ihrem Stolz auf die vermeintlich untrügerische Logik. Er empfindet so sehr eine ihm nicht näher greifbare Angst, daß er sich die Identitätsfrage, die nach dem eigenen Ich, stellt: Aber gerade sein Ringen um Selbstverständnis wappnet ihn gegen jene katastrophale Metamorphose, die Ionesco anläßlich der Aufführung von „Rhinocéros“ in den USA mit den Worten beschreibt: „Mein Stück ist die hinlänglich objektive Beschreibung eines Prozesses der Fanatisierung, der Geburt eines Totalitarismus, welcher eine Welt verändert, und sie ohne jeden Zweifel so vollständig verändert, bis sie völlig dem Totalitarismus unterworfen ist.“ („Ma pièce ... est la description, assez objective, d'un processus de fanatisation, de la naissance d'un totalitarisme qui ... transforme un monde, et le transforme totalement, bien sûr, puisqu'il est totalitarisme.“) Die Enthumanisierung als Bedrohung des heutigen Menschen erscheint – im Gespräch mit Jean im zweiten Bild von Akt II – als Verfall der menschlichen Werte, als Rückkehr zu primitiven Instinkten wie Zerstörungswut, Herdentrieb, Verlust des Schamgefühls. Den Rückschritt zum Animalischen symbolisiert der

Autor durch die unter dem Zwang des Massenwahns fortschreitende Verwandlung der Menschen in tobend umherrasende Nashörner.
Bérengers Angst, ebenfalls dem Drang zur Kollektivierung zu erliegen, wird von seinem Verantwortungsbewußtsein für „l'être humain, l'humanisme" kompensiert. Sein Widerstand macht ihn zu einem Don Quichotte in den Augen des akademisch gebildeten Dudard, der seine eigene Gleichgültigkeit und Anpassung an die Situation als „sagesse" empfindet (Anfang von Akt III). Immer mehr Menschen folgen dem Zug zur Uniformität, selbst diejenigen, die sich, wie der Besserwisser Botard und der Logiker, als selbständige Denker gebärdet hatten. Sogar Daisy, seine Geliebte, verläßt ihn. Bérenger bleibt als einziges menschliches Wesen übrig, und die Einsamkeit umfängt ihn mit den Schrecken der Kommunikationsunfähigkeit und des Zweifels an der eigenen Normalität, da es ja zum Gesetz der totalitären Vermassung gehört, den Andersartigen, d. h. das sein Selbst bewahrende Individuum, mit Spott und Feindschaft zu verfolgen. Aber Bérenger fängt sich wieder und widersteht in dem Bewußtsein, daß zum Menschsein das Bemühen um Bewahrung der „Originalität" („conserver son originalité") gehört. Ermutigend klingt sein Schlußwort: „Je ne capitule pas!"

(Gerd Krause)

„Wie immer", äußerte Ionesco in einem Interview mit Claude Sarraute in „Le Monde" am 17. Januar 1960, „bin ich von persönlichen Zwangsvorstellungen ausgegangen. Und ich habe mich daran erinnert, wie mir im Laufe meines Lebens immer wieder das auffiel, was man vielleicht als den Strom der öffentlichen Meinung bezeichnen könnte, das plötzliche Aufkommen einer Meinung, ihre Ansteckungskraft, die der einer echten Epidemie nicht nachsteht. Die Leute lassen sich plötzlich von einer neuen Religion, einer Doktrin, einem Fanatismus mitreißen ... Man wird dann zum Zeugen einer wirklichen geistigen Mutation. Ich weiß nicht, ob es Ihnen schon einmal aufgefallen ist – wenn die Leute Ihre Meinung nicht mehr teilen, wenn man sich mit ihnen nicht mehr verständigen

kann, gewinnt man den Eindruck, man wende sich an Ungeheuer – an Rhinozerosse zum Beispiel. Sie haben deren Unschuld und zugleich auch ihre Grausamkeit. Sie würden Sie ohne Gewissensbisse umbringen, wenn Sie nicht denken wie sie. Und die Geschichte der letzten fünfundzwanzig Jahre hat uns gelehrt, daß Menschen, die eine solche Umwandlung erfahren haben, nicht nur den Rhinozerossen ähneln – sie werden tatsächlich Rhinozerosse."
Einige Personen des Stückes entscheiden sich für die Lebensform der Dickhäuter, weil sie die rohe Kraft und Einfachheit bewundern, die aus der Unterdrückung aller überfeinerten humanistischen Regungen erwachsen. Andere gehen zu den Nashörnern über, weil sie glauben, man könne die Tiere wieder vermenschlichen, wenn man nur erst gelernt habe, sich in ihre Denkweise hineinzuversetzen. Wieder andere, Daisy zum Beispiel, können es einfach nicht ertragen, anders als die Allgemeinheit zu sein: Aber Rhinozeritis ist nicht nur eine Krankheit, die Anhänger totalitärer Ideologien der Rechten oder der Linken überkommt, sie verkörpert den Hang zum Konformismus überhaupt. „Rhinocéros" ist ein witziges Stück. Es wimmelt nur so von brillanten Einfällen und scheint außerdem – im Unterschied zu anderen Stücken Ionescos – leichtverständlich zu sein. Die Londoner Times überschreibt ihre Rezension von „Rhinocéros" denn auch „Ein ganz leichtverständliches Stück von Ionesco".

Ist das Drama aber wirklich so leichtverständlich, wie es scheint? Wenn wir Bérengers letzte Auseinandersetzung mit seinem Freund Dudard genauer untersuchen, dann stellen wir fest, daß er seinen Wunsch, Mensch zu bleiben, mit dem Hinweis auf die gleichen instinktiven Gefühlswallungen begründet, die er bei den Dickhäutern verurteilt; als er seinen Mißgriff bemerkt, verbessert er sich, indem er lediglich für das Wort „Instinkt" „Institution" einsetzt. Und am Schluß tut es ihm sogar bitter leid, daß er unfähig scheint, sich in ein Rhinozeros zu verwandeln! Sein Glaube an den Menschen, den er am Ende so trotzig verkündet, entspringt derselben Quelle wie die Verachtung des Fuchses für die Trauben, die ihm zu hoch hängen. Bérengers Trotz ist von heroischem Widerstand bis zum Letzten weit entfernt; er ist eher farcenhaft und tragikomisch. Die Aussage des Stückes ist keineswegs so eindeutig, wie manche Kritiker uns glauben machen möchten. Ionesco zeigt hier nicht nur die Absurdität des Konformismus, sondern auch die Absurdität des trotzigen Widerstands; er gestaltet die Tragödie des Individualisten, der sich der fröhlichen Schar der wenigen sensiblen Menschen nicht anschließen kann, das Gefühl des Künstlers, ein Außenseiter der Gesellschaft zu sein – das ja auch bei Kafka und Thomas Mann als wichtiges Motiv zu finden ist.

(Martin Esslin)

BECKETT UND IONESCO

Beide Dichter – der 1906 in Irland geborene Samuel Beckett wie der 1912 in Rumänien geborene Eugène Ionesco – können wir als die Protagonisten des „absurden Theaters“ bezeichnen. Beide verließen ihre Heimat, beide zog es nach Paris, beide schreiben ihre Werke in einer ihnen eigentlich fremden Sprache, in Französisch. Beide erregen mit ihren Dramen in den fünfziger Jahren weltweites Aufsehen, werden zunächst nicht für ernst genommen, bald darauf aber als die Begründer des eigentlich „modernen“ Theaters anerkannt, das ganz neue Wege geht und weist. Die Dramen beider Dichter sind heute Weltliteratur, 1969 erhält Samuel Beckett den Nobelpreis, 1970 wird Eugène Ionesco in die Französische Akademie aufgenommen.

Die Wesensverschiedenheit beider Autoren kennzeichnet Danae Coulmas folgendermaßen: „Betrachtet man das Theater Ionescos, dessen Welt die gleiche Beklommenheit der Beckett-Welt aufweist, so sieht man, daß der Hauptunterschied zwischen beiden Autoren nicht in der „Lustigkeit“ Ionescos einerseits und in der „Ernsthaftigkeit“ Becketts andererseits besteht, sondern in der bei Ionesco noch vorhandenen Absicht, zu einer Katharsis zu führen. Neben einer vagen Transzendenz und einer Kafka nahen Symbolik ist die Katharsis bei Ionesco ein Mittel zur Erhaltung des bedrohten Humanismus. Beckett kennt eine solche Läuterung nicht. Betrachtet man z. B. die Thematik des Todes, die beide Autoren grundsätzlich beschäftigt, so wird dieser Unterschied klar. Ionesco ist bemüht, die Todesangst selbst zu überwinden, indem er sie durch eine Symbolik ins Artifizielle erhöht und durch das Lachen zu domestizieren trachtet: der Tod kann auch komisch sein. Beckett steht solcher befreienden Kausalität fern. Er differenziert: das Existieren angesichts des Todes ist qualvoll und langweilig zugleich, der Tod selbst wünschenswert als Beendigung dieses Zustandes.“ Er ist aber nicht immer „durchführbar“ oder „erreichbar“, wie die verschiedenen Versuche Estragons und Wladimirs in „Warten auf Godot“ zeigen. Erst das „Endspiel“ konfrontiert uns mit der unausweichlichen Tatsache des Todes, des Endes der gesamten

Menschheit, während Ionescos „Nashörner" den zwar verzweifelten, aber doch mutigen Menschen in seiner Dennoch-Haltung zeigt, die keine Kapitulation vor den Bedrohungen seiner Existenz zuläßt, sondern die ihn die Würde und Freiheit des Menschentums verteidigen und aufrechterhalten läßt, selbst als dies ganz aussichtslos erscheint.

Damit bekennt sich Ionesco zu einem Positivismus, der an Hemingways Stoizismus erinnert: „Der Mensch ist nicht für die Niederlage geschaffen worden. Ein Mann kann zwar vernichtet, aber nicht besiegt werden. Man darf nicht aufgeben."

Darf man sagen, daß nur derjenige Godot erwarten darf und herbeirufen wird, der kräftig sich zeigt, nimmer sich beugt und allen Gewalten zum Trutz sich erhält?

LITERATURNACHWEIS

Theodor W. Adorno, Versuch, das „Endspiel" zu verstehen, suhrkamp taschenbuch 72, Frankfurt a. M. 1973

Günther Anders, Sein ohne Zeit. Zu Becketts Stück „Warten auf Godot" in: Die Antiquiertheit des Menschen, München 1956

Heinz Beckmann, Godot oder Hiob, Hamburg 1965

Klaus Birkenhauer, Samuel Beckett, Reinbeck bei Hamburg 1972

Gottfried Büttner, Absurdes Theater und Bewußtseinswandel. Über den seelischen Realismus bei Beckett und Ionesco, Berlin 1968

Alix Cohn-Blum, Samuel Beckett, Fin de Partie in: Das moderne französische Drama (ed. Walter Pabst), Berlin 1971

Danae Columas, Samuel Beckett in: Französische Literatur der Gegenwart, Stuttgart 1971

Margret Dietrich, Das moderne Drama, Stuttgart 1963

Martin Esslin, Das Theater des Absurden, Frankfurt a. M. 1967

John Fletcher, Beckett in: Englische Literatur von Wilde bis Beckett, Frankfurt a. M. – Hamburg 1970

Eva Friedrich, Samuel Beckett „Warten auf Godot", Universitas 1954/1

Georg Hensel, Beckett, Velber b. Hannover 1968

Marie Luise Kaschnitz, Zwischen Immer und Nie, Frankfurt a. M. 1971

Gerd Krause, Zeitgenössische französische Dramatik in: Der fremdsprachliche Unterricht, Stuttgart 1970/1

Manfred Krüger, Eugène Ionesco in: Französische Literatur der Gegenwart, Stuttgart 1971

Wolfgang Leiner, Ionescos „Rhinoceros" in: Das französische Theater vom Barock bis zur Gegenwart II, hrsg. von J. von Stackelberg, Düsseldorf 1968

Franz Lennartz, Ausländische Dichter und Schriftsteller unserer Zeit, Stuttgart 1960

Franz Norbert Mennemeier, Das moderne Drama des Auslandes, Düsseldorf 1961

Franz Norbert Mennemeier, Literatursoziologische Bemerkungen zu Becketts „Warten auf Godot" in: Der Deutschunterricht, Stuttgart 1971/2

Peter Münder, Samuel Beckett: „Warten auf Godot" – „Endspiel" – „Das letzte Band". Unterrichtsbezogene Untersuchungen, Hollfeld 1978
Hans Nachtsheim, Becketts „Warten auf Godot" in: Die Pädagogische Provinz, Frankfurt a. M., Juli/August 1957
Müller-Schrembs, Dichtung der Gegenwart, Stuttgart 1966
Reiner Poppe, Absurdes Theater: Arrabal, Beckett, Genet, Ionesco und Tardieu. Fragestellung und Ergebnisse zum aktuellen Forschungsstand des ‚Absurden Theaters', Hollfeld 1980
Trudis Reber, Samuel Beckett, Berlin 1971
Reclams Schauspielführer, Stuttgart 1960
Alain Robbe-Grillet, Samuel Beckett oder das Da-Sein auf der Bühne in: Materialien zu Samuel Becketts „Warten auf Godot", suhrkamp taschenbuch 104, Frankfurt a. M. 1973
Konrad Schoell, Beckett, En Attendant Godot in: Das französische Theater vom Barock bis zur Gegenwart II, hrsg. von J. von Stackelberg, Düsseldorf 1968
Karl Schwarz, Die Zeitproblematik in Becketts „Warten auf Godot", Die neueren Sprachen, Mai 1967
Hildegard Seipel, Untersuchungen zum experimentellen Theater von Beckett und Ionesco, Bonn 1963
K. Tynan, Ionesco und Beckett, Der Monat IX, 1957
Ernst Wendt, Eugène Ionesco, Velber b. Hannover 1967

Preiswerte Textausgaben:

Samuel Beckett, Warten auf Godot, Suhrkamp Verlag (edition suhrkamp)
Samuel Beckett, Warten auf Godot, dreisprachig, Suhrkamp Verlag, suhrkamp taschenbuch 1
Samuel Beckett, Fin de partie/Endspiel, zweisprachig, Suhrkamp Verlag (edition suhrkamp)
Samuel Beckett, Fünf Spiele (enthält „Endspiel"), Fischer Taschenbuch 7001
Eugène Ionesco, Zwei Stücke (Impromptu – Die Nashörner), Fischer Taschenbuch 7005

CHEMIE

Th. Bokorny

Chemie-Gerüst

Wegweiser und Ratgeber für Schüler und Abiturienten. 13., überarb. Auflage

128 Seiten **Bestell-Nr. 0674–2**

Dieses kurze in Tabellenform abgefaßte Vademecum der Chemie soll kein Lehrbuch oder Lexikon sein, sondern die großen Linien und wissenswerten Teile der modernen Chemie übersichtlich klar und einprägsam veranschaulichen und in Erinnerung bringen.

DEUTSCH

Christian Floto

Basisinterpretationen für den Literatur- und Deutschunterricht I

– Ausgewählte Stücke und Prosa von Shakespeare bis Ionesco –

96 Seiten 2. Auflage **Bestell-Nr. 0589–4**

Nach einer kurzen Skizzierung der Literaturepoche werden anhand häufig gelesener Stücke Basisinterpretationen gegeben. Alle Beispiele entstanden im Unterricht der Sekundarstufen.

Folgende Stücke werden u. a. behandelt:

Shakespeare, Hamlet – Lessing, Nathan – Schiller, Wallenstein – Goethe, Iphigenie – Kleist, Marquise von O/Die Verlobung ... – Fontane, Effi Briest – Dostojewski, Der Spieler – Hauptmann, Rose Bernd – Mann, Tonio Kröger – Döblin, Berlin Alexanderplatz – Kafka, Der Prozeß – Brecht, Sezuan – Kipphardt, Oppenheimer – Frisch, Homo Faber – Frisch, Biedermann u. Br. – Ionesco, Die Stühle.

Christian Floto

Basisinterpretationen für den Literatur- und Deutschunterricht II

– Ausgewählte Stücke und Prosa „moderner" Autoren in der ersten Hälfte des 19. Jahrhunderts. –

108 Seiten **Bestell-Nr. 0593-2**

Literaturgeschichtlicher Abriß, Biographische Stationen, Aufbauprinzipien von Novelle und Drama; problemorientierte Bezüge zur modernen sozialpsychologischen Lebenssituation. Folgende Stücke werden u. a. behandelt:

Büchner, Woyzeck – Grabbe, Scherz, Satire, Ironie ...; Kleist, Der zerbrochene Krug/Prinz von Homburg/Michael Kohlhaas/Erdbeben in Chili.

Bernd Matzkowski

Basisinterpretationen für den Literatur- und Deutschunterricht III

Untersuchungen und didaktische Hinweise zum Volksbuch Till Eulenspiegel.

Hinweise auf den Schelmenroman.

80 Seiten, kart. **Bestell-Nr. 0598–3**

Sachanalyse – Ausgewählte Historien – Motivquerverbindungen zu Schelmenromanen des 16. und 17. Jahrhunderts – Vorschläge für die Behandlung im Unterricht u. a.

Bernd Matzkowski/Ernst Sott

Basisinterpretationen für den Literatur- und Deutschunterricht IV

36 moderne deutsche Kurzgeschichten mit Arbeitsfragen.

112 Seiten, kart. **Bestell-Nr. 0599–1**

Interpretation der Kurzgeschichten **mit Arbeitsfragen** zu

ARBEITSTEXTE FÜR DEN UNTERRICHT (Reclam)
Deutsche Kurzgeschichten 11.–13. Schuljahr
und Pratz/Thiel:
NEUE DEUTSCHE KURZGESCHICHTEN
(Diesterweg)

Karin Cohrs/Martin H. Ludwig

Basisinterpretationen für den Literatur- und Deutschunterricht V

Romane und Novellen des 19. Jahrhunderts

120 Seiten, kart. **Bestell-Nr. 0631–9**

Aus dem Inhalt:

Einleitung, Politik und Kultur des 19. Jahrhunderts – Interpretationen ausgewählter Romane und Novellen.

Kurzbiographie des Dichters – Entstehung des Werkes – Inhalt – Charaktere – Situationen – Erschließung des Textes (stilistische Besonderheiten, literaturhistorischer Rahmen, gesellschaftliche und politische Bezüge usw.), Arbeitsfragen.

Hoffmann, Das Fräulein von Scuderi – Kleist, Das Erdbeben in Chili – Mörike, Maler Nolten – Gotthelf, Wie Uli der Knecht glücklich wird – Storm, Immensee – Droste-Hülshoff, Die Judenbuche – Raabe, Die Akten des Vogelgesangs – Fontane, Der Stechlin – Eichendorff, Aus dem Leben eines Taugenichts – Keller, Die drei gerechten Kammacher – Storm, Hans und Heinz Kirch – Raabe, Die schwarze Galeere – Fontane, Schach von Wuthenow – Hauptmann, Bahnwärter Thiel.

Rüdiger Giese/Christian Floto

Basisinterpretationen für den Literatur- und Deutschunterricht VI

Romane und Novellen aus dem 20. Jahrhundert

112 Seiten, Kart. **Bestell-Nr. 0473**

Schnitzler, Leutnant Gustl – Mann, Tod in Venedig – Kafka, Die Verwandlung – Hesse, Der Steppenwolf – Kästner, Fabian – Mann, Mephisto – Zweig, Schachnovelle – Böll, Haus ohne Hüter – Wolf, Der geteilte Himmel – Kempowski, Tadellöser und Wolff

Bausteine – Deutsch

stellt detaillierte Unterrichtsstunden zur Behandlung unterschiedlichster Texte für die Sekundarstufen I und II vor.

Anordnung der Stunden als Sequenzen – Texte und Textanalysen – Didaktisch-methodische Arbeitshinweise – praktisch zu handhaben.

Angesprochen sind Lehrer und Lehramtsanwärter aller Schulformen.

Autoren sind: Praktiker – Ausbilder – Fachwissenschaftler aus allen Schulformen.

Bausteine Lyrik I

Spiel mit Sprache/Lyrischer Humor/Konkrete Poesie

160 Seiten, kart. **Bestell-Nr. 0650–5**

Bausteine Lyrik II
Ballade/Modernes Erzählgedicht/Chanson/ Politische Lyrik/Thema- und Motivverwandtschaft
164 Seiten, kart. **Bestell-Nr. 0651–3**

Gerhart Hauptmann: Die Weber
Bestell-Nr. 652

Max Frisch: Homo Faber
Bestell-Nr. 653

Theodor Storm: Pole Poppenspäler
Bestell-Nr. 654

Albert Camus: Die Pest
Bestell-Nr. 655

George Orwell: 1984/Animal Farm
Bestell-Nr. 656

Thomas Mann: Tonio Kröger
Bestell-Nr. 657

Goethe-Plenzdorf: Werther
Bestell-Nr. 658

Storm: Der Schimmelreiter
Bestell-Nr. 659

Lessing: Nathan der Weise
Bestell-Nr. 660

Dürenmatt: Der Richter und sein Henker
Bestell-Nr. 661

Goethe: Faust I/II
Bestell-Nr. 662

Eichendorff: Taugenichts
Bestell-Nr. 663

Hesse: Der Steppenwolf
Bestell-Nr. 664

Franz Kafka: Kurze Prosaformen
Bestell-Nr. 665

Joh. Wolfg. von Goethe: Iphigenie auf Tauris
Bestell-Nr. 666

Bert Brecht: Leben des Galilei
Bestell-Nr. 667

Dichtung in Theorie und Praxis

Texte für den Unterricht

Jeder Band ist – wie der Reihentitel bereits aussagt – in die Teile Theorie und Praxis gegliedert; darüber hinaus werden jeweils zahlreiche Texte geboten, die den Gliederungsstellen zugeordnet sind. Ein Teil Arbeitsanweisungen schließt sich an, der entweder Leitfragen für die einzelnen Abschnitte oder übergeordnete oder beides bringt.

Bestell-Nr.

450 Die Lyrik
451 Die Ballade
452 Das Drama
453 Kriminalliteratur
454 Die Novelle
455 Der Roman
456 Kurzprosa (Kurzgeschichte, Kalendergeschichte/Skizze/Anekdote)
457 Die Fabel
458 Der Gebrauchstext
459 Das Hörspiel
460 Trivialliteratur
461 Die Parabel
462 Die politische Rede
463 Deutsche Lustspiele und Komödien

Weitere Bände in Vorbereitung

Egon Ecker

Wie interpretiere ich Novellen und Romane?

Methoden und Beispiele
180 Seiten **Bestell-Nr. 0632–7**

Notizen zur Betrachtung eines dichterischen Textes – Zur Technik der Interpretation.

Beispiele:
Keller, Drei gerechte Kammacher

Novellen:
Büchner, Lenz – Storm, Schimmelreiter – Andres, Die Vermummten

Romane:
Mann, Königl. Hoheit – Frisch, Homo Faber – Andres, Knabe im Brunnen – Andersch, Sansibar.
Zur Theorie der Novelle – Zur Theorie des Romans – Gliederungsvorschläge – Themenvorschläge – Literaturverzeichnis.

Egon Ecker

Aufsatz mit Grammatik

3./4. Jahrgangsstufe

mit zahlreichen Abbildungen
88 Seiten **Bestell-Nr. 0578–9**

Für die vorbereitenden Übungen auf den Besuch von weiterführenden Schulen soll den Schülern und deren Eltern hier ein Hilfsmittel gegeben werden, welches den neuesten Erfordernissen gerecht wird.

Inhalt: Bericht – Schilderung – Beschreibung – Erzählung – Wortfamilien und Wortfelder – Lösungsvorschläge u. v. a.

Egon Ecker

Rechtschreibung und Diktate

3./4. Jahrgangsstufe

2. Auflage, 112 Seiten **Bestell-Nr. 0579–7**

Als Band für die Vorbereitung des Übertritts in andere Schularten gibt der Autor ein Hilfsmittel zur richtigen Schreibweise und Anwendung der deutschen Sprache.

Inhalt: Groß- und Kleinschreibung – Gleich und ähnlich klingende Laute – Dehnung – Schärfung – Silbentrennung – Sprachlehre – Satzmodelle – Diktatstoffe – Lösungen u. v. a.

Epochen deutscher Literatur

Kurzgefaßte Abhandlungen für den Deutschunterricht an weiterführenden Schulen.

Bestell-Nr. 0480
Die deutsche Romantik I
Frühromantik

Bestell-Nr. 0481
Realismus des 19. u. 20. Jahrhunderts

Bestell-Nr. 0482
Impressionismus und Expressionismus

Bestell-Nr. 0483
Sturm und Drang

Bestell-Nr. 0484
Die deutsche Romantik II
Spätromantik

Bestell-Nr. 0485
Die deutsche Klassik

Gerd Eversberg

Wie verfasse ich ein Referat?

Hinweise für die Informationsbeschaffung und -verarbeitung für den Literaturunterricht.

2. Auflage, 116 Seiten **Bestell-Nr. 0582–7**

Dieser Band soll den Schülern transparentes Arbeiten lehren. Das Themenbeispiel orientiert sich an der Schulpraxis und wurde auch erfolgreich erprobt.

Inhalt: Bibliographieren – Zitieren – Materialsammlungen – Bibliotheksbenutzung – Entleihen – Fernleihverkehr – Verlagskataloge und Buchhandlung – Manuskriptgestaltung – Referieren – Diskutieren.

Gerd Eversberg

Deutsch – Sekundarstufe II Kollegstufe

Diese neue Reihe bietet Schülern der gymnasialen Oberstufe Arbeitshilfen für die selbständige Erweiterung ihrer Fähigkeiten in den Lernbereichen Umgang mit Texten, mündliche und schriftliche Kommunikation sowie Reflexionen über Sprache.

An die Stelle des traditionellen Aufsatzunterrichts früherer Jahre tritt heute eine Fülle schriftlicher und mündlicher Äußerungen, die auf die Fähigkeit der Schüler zielen, sich erfolgreich in sämtlichen Bereichen der deutschen Sprache auszukennen.

Die vorliegenden Themen orientieren sich an den Anforderungen, die in den Richtlinien der verschiedenen Bundesländer zur Ausbildung im Fach Deutsch formuliert werden.

Textanalyse 1 Umgang mit fiktionalen (literarischen) Texten

152 Seiten **Bestell-Nr. 0641–6**

Aus dem Inhalt:

I. Der Begriff des fiktionalen Textes: Das „Ästhetische" der Literatur – Betrachtungsweisen von Literatur – Literarische Wertung.

II. Probleme der Interpretation: Der Prozeß des „Verstehens" – Methoden der Literaturinterpretation – Arbeitstechniken (Textwiedergabe / Texterarbeitung / Texterörterung).

III. Beispiele für Interpretationen: Epische Texte – Dramatische Texte – Gedichte.

IV. Massenliteratur.

Textanalyse 2 Umgang mit nichtfiktionalen (Gebrauchs-)Texten

144 Seiten **Bestell-Nr. 0642–4**

Aus dem Inhalt:

I. Der Textbegriff.

II. Eine Typologie von Gebrauchstexten.

III. Bedingungen der Textanalyse.

IV. Methoden der Textanalyse: Textwiedergabe – Textbeschreibung – Texterörterung.

V. Beispiele für Textanalysen: Darstellende Texte (Sachtexte/Wissenschaftliche Texte) – Werbende Texte (Werbetexte/Politische Reden) – Gesetzestexte.

Gebrauchstextanalysen

– Methoden und Beispiele –

2. Auflage, 80 Seiten **Bestell-Nr. 0588–6**

Herausgegeben von einem Arbeitskreis der Pädagogischen Akademie Zams.

Aus dem Inhalt:

I. Warum Textuntersuchung? Begriffserklärungen.

II. Textanalyse – Textkritik

Vorgestellt werden nur drei Möglichkeiten einer Analyse:

a) Kommunikationstheoretischer Aspekt

b) stilistischer Aspekt

c) soziologischer Aspekt

III. Gebrauchstexte verschiedener Art, die auf o. a. Aspekte hin untersucht, bzw. kritisiert wurden.

Ordnung der Texte nach Themenkreisen: Werbetexte – Ferienprospekte – Kinoprogramme – Diverse Jugendzeitschriften (Bravo u. a.) – Illustrierte und Frauenzeitschriften (Frau im Spiegel u. a.) – Schullesebücher – Geschichtsbücher – Tagesberichterstattung: Politische Beiträge/kulturelle Beiträge – Literarische Texte.

Deutsch auf der neugestalteten gymnasialen Oberstufe

Ein erfahrener Praktiker legt mit dieser Buchreihe Unterrichtshilfen für Schüler und Lehrer der Grund- und Leistungskurse vor.

Robert Hippe

Mündliche und schriftliche Kommunikation

2. Aufl., 104 Seiten **Bestell-Nr. 0563–0**

Sprache – Sprache und Verständigung

Grundbegriffe der Kommunikation – Die drei Dimensionen des Zeichens – Verschiedene Arten von Zeichen – Sprache und Norm

Die Rede – Formen der Rede – Rhetorische Figuren – Analyse vorgegebener Reden – Redeanleitungen, -analysen und -sammlungen – Der Weg zur eigenen Rede – Exkurs 1: Kodierungsebenen – Exkurs 2: Die Sprache der Werbung als appellative Rede

Das Referat – Verfahrensschritte – Beurteilungskriterien – Geeignete Stoffe zur Auswahl

Die Diskussion – Analyse einer vorgegebenen Diskussion – Hinweise auf Vorbereitung, Durchführung und Zielsetzung einer Diskussion – Der Diskussionsbeitrag im sogenannten „Fünfsatz" – Die Debatte – Bericht(erstattung), Kolloquium, Vorlesung

Das Protokoll – Die Arten des Protokolls – Kriterien für die Beurteilung von Stundenprotokollen – Analyse von Protokollen

Die Inhaltsangabe – Merksätze zur Abfassung – Verfahrensschritte – Analyse von Inhaltsangaben – Geeignete Stoffe zur Auswahl

Die Erörterung – Merksätze zur Abfassung – Analyse von Erörterungen – Geeignete Stoffe zur Auswahl.

Robert Hippe

Umgang mit Literatur

2. Auflage, 116 Seiten **Bestell-Nr. 0564–9**

Definition von Literatur – Grundformen von Literatur – Merkmale der Lyrik – Merkmale der Epik – Merkmale der Dramatik – Formprobleme der Literatur – Aufbauprobleme in der Literatur – Arten der Interpretation – Was ist Interpretation – Literatur und Wirklichkeit u. v. a.

Robert Hippe

Sprach- und Textbetrachtungen

132 Seiten **Bestell-Nr. 0569–X**

Sprachbetrachtung

Historisch – Theorien über die Entstehung der Sprache(n) – Die indogermanische (idg.) Sprachfamilie – Die geschichtliche Entwicklung des Hochdeutschen – Lehn- und Fremdwörter – Sprachrätsel und Sprachspiele – Auswahl-Bibliographie.

Systematisch – Grammatik – Die traditionelle Grammatik – Die generative Transformationsgrammatik – Die strukturelle Grammatik.

Textbetrachtung

Allgemeines – Definition von Text – Textsorten – Beispiele – Übungen – Auflösung der Rätsel.

Robert Hippe

Textanalysen

mit Aufgaben und Übungen

2. Aufl., 120 Seiten **Bestell-Nr. 0586–X**

Einleitung: Über Text, Textbeschreibung und Textanalyse

I. Fiktionale (literarische) Texte

Lyrik

(Barock, Sturm und Drang, Klassik, Romantik, Realismus, Expressionismus, Hofmannsthal und Rilke, Lyrik nach 1945, Motivgleiche Gedichte). Jeweils an Beispielen erklärt.

Epik

(Roman, Novelle, Märchen, Fabel, Kurzgeschichte, Sonderform des Essays)

Dramatik

II. Unterhaltungs- und Trivialliteratur

III. Nicht-fiktionale (nicht literarische) Texte

Werbetexte – Gesetzestexte – Kochrezepte – Redetext (rhetorischer Text)

Robert Hippe

Der deutsche Aufsatz auf der neugestalteten gymnasialen Oberstufe

Anleitungen – Ausarbeitungen – Gliederungen. Hinweise und Themenvorschläge, Methoden und Beispiele

160 Seiten **Bestell-Nr. 0592–4**

Vom Besinnungs-Problemaufsatz über die Facharbeit zum literarischen Aufsatz beinhaltet der Band Themenkreise wie Textanalysen, Erörterung, Referat, Inhaltsangaben und Hinweise zur Arbeitstechnik. Viele Beispiele aus verschiedenen Themenkreisen runden das Buch ab.

Für Lehrer und Schüler zur Unterrichtsvorbereitung ein nützliches Hilfsmittel.

Robert Hippe

Kurzgefaßte deutsche Grammatik und Zeichensetzung

7. Auflage, 72 Seiten **Bestell-Nr. 0515–0**

Ein Abriß der deutschen Grammatik systematisch und fundamental dargeboten; beginnend mit den Wortarten, Betrachtung der Satzteile und Nebensätze bis zu den Satzzeichen, Beispiele durchsetzen das Ganze, und Lösungen sollen Fehler auffinden helfen. Ein nützliches in Tausenden von Exemplaren bewährtes Übungs- und Nachhilfebuch.

Robert Hippe

Interpretationen zu 62 ausgewählten motivgleichen Gedichten

mit vollständigen Gedichtstexten

5. Auflage, 102 Seiten **Bestell-Nr. 0587–7**

Der Verfasser hat die wiedergegebenen Interpretationen und Auslegungen in langen Gesprächen und Diskussionen mit Oberprimanern erarbeitet. Die hier angebotenen Deutungsversuche erheben keinen Anspruch auf die einzig möglichen oder richtigen, sondern sollen Ausgangspunkte für Weiterentwicklungen und Erarbeitungen sein.

Aus dem Inhalt: Themen wie Frühling – Herbst – Abend und Nacht – Brunnen – Liebe – Tod – Dichtung u. v. a.

Robert Hippe

Interpretationen zu 50 modernen Gedichten

mit vollständigen Gedichtstexten

3. Auflage, 136 Seiten **Bestell-Nr. 0597–5**

Der vorliegende Band verspricht Interpretationshilfe und Deutungsversuche – in unterschiedlicher Dichte und Ausführlichkeit – für 50 moderne Gedichte. Materialien und Auswahlbibliographie geben den Interessenten Hilfen für den Deutsch- und Literaturunterricht. Für den Lehrer eine echte Bereicherung zur Vorbereitung des Unterrichts.

Aus dem Inhalt: Lasker-Schüler – Hesse – Carossa – Benn – Britting – Brecht – Eich – Kaschnitz – Huchel – Kästner – Bachmann – Piontek – Celan – Härtling – Reinig – Grass – Enzensberger u. v. a.

Robert Hippe

Der Oberstufenaufsatz

7. Auflage, 128 Seiten **Bestell-Nr. 0583–5**

Merksätze für das Abfassen von Oberstufen-Aufsätzen.

Der Besinnungs- oder Problemaufsatz, Charakteristik, Stimmungsbild, Facharbeit, Überlegung zur Themenkritik. Dazu jeweils Lösungsschlüssel.

Versuch eines systematischen Aufrisses der Aufsatzarten und Varianten.

Anhand von Schüleraufsätzen werden deren Vorzüge und Schwächen aufgezeigt.

Robert Hippe

Kurzgefaßte deutsche Rechtschreiblehre

64 Seiten **Bestell-Nr. 0545–2**

Im ersten Teil dieses Buches findet man die wichtigsten Regeln der deutschen Rechtschreibung.

Der zweite Teil besteht aus 36 Übungstexten zu diesen Regeln zum Erlernen, Einprägen und Wiederholen. Die Lösungen am Schluß des Bandes dienen zur Kontrolle.

Robert Hippe

Der Unter- und der Mittelstufenaufsatz

6. Auflage, 84 Seiten **Bestell-Nr. 0519–3**

Anleitungen – Ausarbeitungen – Gliederungen – Themenvorschläge u. v. a.
jeweils mit Lösungsschlüssel

A. Unterstufe
Erlebnisschilderung oder -erzählung
Vorgangsschilderung oder -erzählung
Die Nacherzählung, die Erklärung oder Arbeitsanweisung, Vorgangsbericht oder Beschreibung, Inhaltsangabe

B. Mittelstufe
Die Schilderung, Stimmungsbild, Charakteristik, Bericht und Inhaltsangabe, sachliches Schreiben, Facharbeit, Erörterung u. a.

Interpretationen motivgleicher Gedichte in Themengruppen

mit vollständigen Gedichtstexten

Band 1: Edgar Neis

Der Mond in der deutschen Lyrik

80 Seiten **Bestell-Nr. 0620–3**

Arp – Bischoff – Borchert – Boretto – Britting – Brokkes – Bürger – Claudius – Däubler – Droste- Hülshoff – Geibel – Gleim – Goethe – Härtling – Heine – Holz – Klopstock – Krähenbühl – Krolow – Lange – Lehmann – Leonhard – Lichtenstein – zur Linde – Maurer – Morgenstein – Rasche – Rühmkorf – v. Stollberg – Trakl – v. d. Vring – Werfel – Wiens.

Band 2: Edgar Neis

Politische-soziale Zeitgedichte

2. Auflage, 112 Seiten **Bestell-Nr. 0621–1**

Bachmann – Biermann – Brecht – Bürger – Celan – Dehmel – Domin – Enzensberger – Le Fort – Freiligrath – Gryphius – Hädecke – Hagelstange – Heine – Herwegh – Keller – Kerr – Logau – Marti – Platen – Sabias – Salis – Schenkendorf – Schiller – Schreiber – Schubart – Tucholsky – W. v. d. Vogelweide – Weitbrecht – Wildenbruch.

Band 3: Edgar Neis

Der Krieg im deutschen Gedicht

2. Auflage, 112 Seiten **Bestell-Nr. 0622–X**

Bender – Benn – Biermann – Binding – Brambach – Brecht – Claudius – Dehmel – Eich – Flex – Le Fort – Fried – Gleim – Goethe – Hakel – Heise – Heym – Hölderlin – Höllerer – Huchel – Jahn – Jean Paul – Kaschnitz – Kästner – Körner – Leip – Lersch – Leonhard – Liliencron – Logau – Menzel – Mosen – Mühsam – Münchhausen – Neumann – Nick – W. Paul – Sachs – Schiller – Schnurre – Schuhmann – Stramm – Toller – Toussel – Trakl – Tumler – Vogel – Wiechert.

Band 4: Robert Hippe

Die Liebe im deutschen Gedicht

2. Auflage, 80 Seiten **Bestell-Nr. 0623–8**

Benn – Brecht – Eichendorff – George – Gleim – Goethe – Günther – Hesse – Hofmannsthal – Jacobi – Kästner – Krolow – Lasker-Schüler – Lenau – Liliencron – C. F. Meyer – H. v. Mohrungen – Mörike – Münchhausen – Opitz – Reinig – Rilke – Storm – Stramm – W. v. d. Vogelweide – Weickherlin.

Band 5: Robert Hippe

Der Tod im deutschen Gedicht

2. Auflage, 80 Seiten **Bestell-Nr. 0624–6**

Bächler – Benn – Brecht – Celan – Claudius – Droste-Hülshoff – Eich – Goethe – Gryphius – Hesse – Heym – Hofmannsthal – Hofmannswaldau – Höllerer – Kaltneker – Keller – Klopstock – C. F. Meyer – Mörike – Nick – Nietzsche – Novalis – Rilke – Schiller – Storm – Stramm – Trakl – Uhland.

Band 6: Robert Hippe

Die Jahreszeiten im deutschen Gedicht

2. Auflage, 80 Seiten Bestell-Nr. 0625–4

Benn – Britting – Claudius – George – Gerhardt – Goes – Goethe – Hagedorn – Heine – Hebbel – Hesse – Hofmannsthal – Hölderlin – Hölty – Huchel – Lenau – Logau – C. F. Meyer – Mörike – Rilke – Stadler – Storm – Trakl – Uhland – W. v. d. Vogelweide.

Band 7: Robert Hippe

Deutsche politische Gedichte

2. Auflage, 68 Seiten **Bestell-Nr. 0626–2**

Baumann – Biermann – Becher – Below – Brecht – Delius – Enzensberger – Fried – Fürnberg – Gomringer – Grass – Heine – Hoffmann v. Fallersleben – Holzapfel – Karsunke – Kunert – Luckhardt – Morawietz – Pottier – Radin – v. Saar – Scherchen – Schneckenburger – U. Schmidt – Schumann – Vesper – Walraff – Weinheber – Wessel – Zimmering.

Band 8: Edgar Neis

Die Welt der Arbeit im deutschen Gedicht

100 Seiten **Bestell-Nr. 0627–0**

Barthel – Bartock – Billinger – Brambach – Bröger – Chamisso – Dehmel – Dortu – Engelke – Freiligrath – Grisar – Heine – Herwegh – Jünger – Krille – Lersch – Lessen – Naumann – Petzold – Pfau – Piontek – Rilke – Schreiber – Seidel – Weerth – Weinheber – Wieprecht – Winckler – Zech.

Band 9: Edgar Neis

Deutsche Tiergedichte

136 Seiten **Bestell-Nr. 0628–9**

Barth – Bergengruen – Billinger – Boretto – Brecht – Britting – Busch – Claes – Dauthendey – Dehmel – Domin – Droste-Hülshoff – Eggebrecht – Eich – Freiligrath – Gellert – Gleim – Goethe – Grillparzer – Groth – Härtling – Hagedorn – Haushofer – Hausmann – Hebbel – Heine – Hesse – Huchel – F. G. Jünger – W. Lehmann – Liliencron – A. G. Kästner – Keller – Kolmar – Krolow – C. F. Meyer – Morgenstern – Pfeffel – Piontek – Rilke – Ringelnatz – Eugen Roth – N. Sachs – Schaefer – Trakl – Vring – Weinheber – Wiedner – Zachariae – Zuckmayer.

Band 10: Edgar Neis

Städte und Landschaften im deutschen Gedicht

168 Seiten **Bestell-Nr. 0629–7**

Teil I: Borchert – Sidow – Guesmer – Rilke – Grass – Le Fort – Karsunke – Aue – Zeller – Loerke – Fontane – Eich – Bleisch – Körner – Hauptmann – Bobrowski – Stadler – Goll – Reinfrank – Kunze – Zech – Becker – Droste-Hülshoff – Busta – Heine – Altenbernd – Wiedner – Stoltze – Kaschnitz – Hannsmann – Schnack – Hölderlin – Barthel – Mörike – Britting – George – Roth.

Teil II: Fontane – Heise – Kalkreuth – Zweig – Rilke – Rheiner – Goll – Salus – Brecht – Bachmann – Lehmann – Wagner – Benn – Schneider – v. Platen – Huchel – Hesse – Krappen – Kaschnitz – Celan – Britting – Kasack – Krauss – Boretto – Schaefer – Bachmann – v. d. Vring.

Interpretationen zeitgenössischer Kurzgeschichten

Edgar Neis

5. Auflage, 80 Seiten **Bestell-Nr. 0600–9**

Band 1: Aichinger, Puppe – Bender, Schafsblut – Bergengruen, Fahrt des Herrn von Ringen – Böll, Ungezählte Geliebte – Brecht, Unwürdige Greisin – Britting, Märchen vom dicken Liebhaber – Ernst, Förster und Wilddieb – Le Fort, Turm der Beständigkeit – Hochhuth, Berliner Antigone – Hofmannsthal, Lucidor – Kafka, Ehepaar – Kaschnitz, Das dicke Kind / Schneeschmelze – Kühner, Es gibt doch noch Wunder – Malecha, Probe – Risse, Gottesurteil – O. Schaefer, Frühe Vision – W. Schäfer, Mozarts Begräbnis – Schnabel, Hundert Stunden vor Bangkok / Sie sehen den Marmor nicht.

Robert Hippe

5. Auflage, 80 Seiten **Bestell-Nr. 0601–7**

Band 2: Andres, Trockendock – Benn, Gehirne – Bergengruen, Arzt von Weißenhasel / Legende von den zwei Worten – Böll, Bahnhof von Zimpren / Besenbinder / Erinnerungen eines jungen Königs / So ein Rummel – Brecht, Augsburger Kreidekreis – Döblin, Ermordung einer Butterblume – Dürrenmatt, Tunnel – Eich, Stelzengänger – Franck, Das verstandene Gedicht – Gaiser, Ein Mensch, den ich erlegt habe – Hampel, Das mit dem Mais – Hildesheimer, Eine größere Anschaffung – Kafka, Kübelreiter / Sorge des Hausvaters – Kasack, Mechanischer Doppelgänger – Langgässer, Die getreue Antigone / Untergetaucht – Musil, Portugiesin – Risse, Verkehrsunfall – Schnurre, Ein Fall für Herrn Schmidt.

Karl Brinkmann

4. Auflage, 80 Seiten **Bestell-Nr. 0602–5**

Band 3: Aichinger, Plakat – Alverdes, Die dritte Kerze – Böll, Damals in Odessa / Mann mit den Messern / Lohengrins Tod / Wanderer kommst du nach Spa . . . – Borchert, Die lange, lange Straße lang / Generation ohne Abschied / Lesebuchgeschichten – Eisenreich, Ein Augenblick der Liebe – Gaiser, Brand im Weinberg / Du sollst nicht stehlen – Langgässer, Die zweite Dido / Glück haben – Lenz, Jäger des Spottes – Schnurre, Die Tat – Spang, Seine große Chance – Spervogel, Hechtkönig – Wiechert, Hauptmann v Kapernaum / Hirtenknabe.

Martin Pfeifer

4. Auflage, 84 Seiten **Bestell-Nr. 0603–3**

Band 4: Aichinger, Hauslehrer / Nichts und das Boot – Bender, Die Wölfe kommen zurück – Böll, Über die Brücke / Es wird etwas geschehen – Brecht, Mantel des Ketzers – Britting, Brudermord im Altwasser – Eich, Züge im Nebel – Ernst, Das zweite Gesicht – Fallada, Lieber Hoppepoppel – Franck, Taliter – Hesse, Beichtvater / Bettler – Johnson, Jonas zum Beispiel – Kusenberg, Eine ernste Geschichte – Langgässer, Saisonbeginn – Le Fort, Frau des Pilatus – Meckauer, Bergschmiede – Pohl, Yannis letzter Schwur – Rinser, David – Schäfer, Hirtenknabe – Schallück, Der Tod hat Verspätung – v. Scholz, Das Inwendige – Walser, Ein schöner Sieg – Weisenborn, Aussage.

Edgar Neis

3. Auflage, 56 Seiten **Bestell-Nr. 0604–1**

Band 5: Borges, Das geheime Wunder – Calderón, Invasion – Callaghan, ein sauberes Hemd – Campos, Solidarität – Carson, Ein Mädchen aus Barcelona – Hemingway, Die Killer – Huxley, Schminke – Joyce, Eveline – Katajew, Die Messer – Mansfield, Für sechs Pence Erziehung – Manzoni, Die Repräsentiertasse – Olescha, Aldebaran – Saroyan, Vom Onkel des Barbiers, dem von einem Zirkustiger der Kopf abgebissen wurde – Sartre, Die Mauer – Timmmermans, Die Maske.

Karl Brinkmann

3. Auflage, 80 Seiten **Bestell-Nr. 0605–X**

Band 6: Andersch, Sehnsucht nach Sansibar – Böll, Wie in schlechten Romanen / Undines gewaltiger Vater – Gaiser, Das Wespennest / Fünfunddreißig Meter Tüll / Der Motorradunfall – Grass, Der Ritterkreuzträger – Hildesheimer, Nächtliche Anrufe – Holthaus, Geschichten aus der Zachurei / Allgemeines / Wo liegt Zachzarach / Das Wirtshaus Zum Vollautomatischen Bären – Lenz, Masurische Geschichte / Der Leseteufel / So schön war mein Markt / Der große Wildenberg – Kramp, Was der Mensch wert ist – Reding, Die Bulldozer kamen / Während des Films / Jerry lacht in Harlem / Fahrerflucht – Schnurre, Wovon der Mensch lebt – Walser, Die Artikel, die ich vertrete.

Rudolf Kanzler

64 Seiten **Bestell-Nr. 0606–8**

Band 7: Aichinger, Die Silbermünze – Altendorf, Der Knecht Persenning – Andersch, Ein Auftrag für Lord Glouster – Bauer, Hole deinen Bruder an den Tisch – Britting, Der Gang durchs Gewitter – Dörfler, Die Kriegsblinde – Hesse, Das Nachtpfauenauge – Hildesheimer, Der Urlaub – Kaschnitz, Gespenster – Lenz, Die Nacht im Hotel – Th. Mann, Das Eisenbahnunglück – Noack, Die Wand – Ohrtmann, Der Sched ist wieder da – Rinser, Der fremde Knabe – Schallück, Unser Eduard – Wiechert, mein erster Adler.

Edgar Neis

80 Seiten **Bestell-Nr. 0607–6**

Band 8: Andersch, Grausiges Erlebnis – Bachmann, Alles – Bender, In der Gondel / Fondue – Bichsel, Tochter – Bobrowski, Epitaph für Pinnau – Bolliger, Verwundbare Kindheit – Brecht, Wiedersehen – Eisenreich, Der Weg hinaus – Fritz, Schweigen vieler Jahre – Fühmann, Judenauto / Schöpfung – Gaiser, Gazelle grün – Heissenbüttel, Wassermaler – Kaschnitz, Das rote Netz – Kunert, Fahrt mit der S-Bahn – Nossack, Das Mal – Reinig, Drei Schiffe – A. Schmidt, Resümee – Walser, Tänzer / Knabe – Wohmann, Ich Sperber / Der Schwan / Knurrhahn-Stil.

Robert Hippe

72 Seiten **Bestell-Nr. 0608–4**

Band 9: Aichinger, Fenster-Theater – Bichsel, Holzwolle – Brecht, Vier Männer und ein Pokerspiel – Frank, Die Monduhr – Fuchs, Gedankenaustausch – Geißler, Kalte Zeiten III – Heckmann, Die Wohltaten des Löffels / Das Henkersmahl – Holthaus, Wahrhaftige Geschichte von der Spazierfahrt – Kaschnitz, Popp und Mingel / Christine – Klose, Am roten Forst – Kunert, Andromeda zur Unzeit – Lenz, Die große Konferenz – Magiera, In den Sand geschrieben – Marti, Neapel sehen – Mechtel, Ein kleiner Tag – Nossack, Helios GmbH – Novak, Schlittenfahren – Weissenborn, Die Stimme des Herrn Gasenzer / Die Sache mit Dad – Wohmann, Denk immer an heut' nachmittag – Weyrauch, Mit dem Kopf durch die Wand – Wohmann, Die Klavierstunde – Zeller, Der Turmbau.

Edgar Neis

80 Seiten **Bestell-Nr. 0609–2**

Band 10: Bernhard, Die Mütze – Bichsel, San Salvador / Ein Tisch – Bobrowski, Lipmanns Leib – Brecht, Das Experiment – Brückner, Lewan / Schwierigkeiten beim Ausfüllen eines Meldezettels / Ein Pferd ist ein Pferd – Dürrenmatt, A's Sturz – Gaiser, Fällung eines Teichs – Hildesheimer, Nachtigall – F. G. Jünger, Urlaub – Kaschnitz, Eisbären – Koeppen, Baseballspieler – Kunert, Zirkuswesen – Musil, Das Fliegenpapier – Novak, Abgefertigt – Reinig, Skorpion – A. Schmidt, Sommermeteor – Weyrauch, Beginn einer Rache.

Wolfgang Kopplin

Kontrapunkte

160 Seiten **Bestell-Nr. 0547–9**

Kontroversinterpretationen zur modernen deutschsprachigen Kurzprosa.

Prosatexte, zwischen 1963 und 1975 entstanden, dienen dem Autor dazu, die dialektische Methode des Pro und Kontra als Interpretationsansatz anzuwenden. Dem Primärtext schließen sich jeweils die Kontroversinterpretationen an. Ein Buch, welches Anregungen zum Verstehen und zur Entschlüsselung von Texten gibt.

Inhalt: Texte von Artmann – Bichsel – Dellin – Gerz – Gregor – Kunert – Reinig – Schnurre u. a. werden in einer Pro- und Kontra-Interpretation vorgestellt.

Albert Lehmann

Erörterungen

Gliederungen und Materialen
Methoden und Beispiele

2. verb. Auflage, 160 Seiten **Bestell-Nr. 0637–8**

Die vorliegende Sammlung von 52 Gliederungen, die durch Erläuterungen – vornehmlich Beispiele – zu den einzelnen Gliederungspunkten erweitert sind, sollen die Wiederholung des Jahresstoffes erleichtern.

Stoffkreisthemen: Natur – Tourismus – Technik – Freizeit – Arbeit/Beruf – Konflikte zwischen den Generationen – Die Stellung der Frau in der Gesellschaft – Entwicklungsländer – Sport – Massenmedien und viele Einzelthemen.

Für Lehrer ein unentbehrliches Nachschlage- und Vorbereitungsbuch.

Birgit Lermen/
Matthias Loewen

Trickfilm als didaktische Aufgabe

Band 1: Sekundarstufe I
232 Seiten – Fotos, kart. **Bestell-Nr. 0618–1**

Band 2: Sekundarstufe II
216 Seiten – Fotos, kart. **Bestell-Nr. 0619–X**

Die Untersuchung über den Trickfilm als didaktische Aufgabe trägt der unterschiedlichen Ausgangslage in den beiden Stufen des Sekundarunterrichts Rechnung durch die Aufteilung in zwei Bände.

Band 1 stellt sich gezielt auf die Bedürfnisse und Erwartungen der Sekundarstufe I ein. Aus der Eigenart des Mediums Trickfilm wird ein Analyse-Instrumentarium entwickelt, dessen Brauchbarkeit an 13 Filmen unterschiedlicher Herkunft erprobt wird. Auf der damit geschaffenen Grundlage wird ein didaktisch-methodisches Konzept erstellt.

Band 2 orientiert sich an den Bedürfnissen der Sekundarstufe II. Eine semiotische Einführung erweitert und vertieft die in Band I erstellte Grundlage. Im Mittelpunkt stehen wieder die Einzelanalysen, deren Zahl des größeren Umfangs wegen auf zwölf reduziert ist.

Wie in Band I soll beides – Analysen und Einführung – als Basis dienen für didaktische Fragestellungen und Entscheidungen.

Die Auswahl der Filme wurde in beiden Bänden bestimmt durch:

a) das Ausleihangebot der Stadt- und Kreisbildstellen in der Bundesrepublik,
b) die ästhetische Qualität,
c) die thematische Relevanz,
d) die didaktische Potenz.

Martin H. Ludwig

Das Referat

Kurze Anleitung zu einer Erarbeitung und Abfassung für Schüler und Studenten.

geh. **Bestell-Nr. 0646–7**

Planen und Sammeln – Bibliographieren – Schreiben und Zitieren – Lesen und Notieren – Auswerten und Gliedern – Der Text – Der Vortrag.

Methoden und Beispiele der Kurzgeschichten-Interpretation

2. Auflage, 64 Seiten **Bestell-Nr. 0585–1**

Herausgegeben und erstellt von einem Arbeitskreis der Pädagog. Akademie Zams.

Methoden: Werkimmanente, existenzialistische, grammatische, stilistische, strukturelle, kommunikative, soziologische, geistesgeschichtliche, historisch/biographisch/symbolistische Methode.

Beispiele: Eisenreich – Cortázar – Dürrenmatt – Brecht – Horvath – Bichsel – Kaschnitz – Lenz – Weißenborn – Rinser – Borchert – Nöstlinger – Wölfel – Langgässer.

An Beispielen ausgewählter Kurzgeschichten werden die einzelnen Methoden der Interpretation demonstriert und erläutert. Information und Nachschlagewerk für den Unterricht in den Sekundarstufen.

Edgar Neis

Das neue große Aufsatzbuch

– Methoden und Beispiele des Aufsatzunterrichts für die Sekundarstufen I und II –
212 Seiten, kart. **Bestell-Nr. 0636–X**

Inhalt:
Zur Technik des Aufsatzschreibens – Stoffsammlung und Disposition – Wie schreibe ich eine Charakteristik? – Wie schreibe ich eine Erörterung? – Der dialektische Besinnungsaufsatz – Themen und Aufsätze zu Problemen unserer Zeit – Aufsätze zur Literatur – Wege der Texterschließung – Interpretationshinweise – Fachbegriffe der Aufsatzlehre (Lexikon der Terminologien) – Vorschläge für Aufsatzthemen – Themenkatalog für das Ende des 20. Jahrhunderts – Literaturnachweis.
Dieses Buch richtet sich an Lehrer und Schüler von Haupt-, Real- und Oberschulen (Gymnasien).
Breit einsetzbar in Grund- und Leistungskursen.

Edgar Neis

Deutsche Diktatstoffe

–Unterstufe–

3. bis 7. Jahrgangsstufe
5. Auflage, 64 Seiten Bestell-Nr. 0524–X

Moderne deutsche Diktatstoffe

–Sekundarstufe I–

5.- 10. Jahrgangstufe Bestell-Nr.: 0693-9

Beide Bände sollen der Einübung und Wiederholung der Rechtschreibung und Zeichensetzung dienen. Jeder Band gliedert sich in zwei Teile, einen systematischen Teil, der zielbewußter Einübung von Wörtern, deren Schreibung Schwierigkeiten bereitet, dient und einen allgemeinen Teil. Dieser bringt zusammenhängende Diktatstoffe aus dem deutschen Schrifttum. Die Namen der Verfasser bürgen für die Stilhöhe der einzelnen Texte.

Edgar Neis

Interpretationen von 66 Balladen, Erzählgedichten und Moritaten

Analysen und Kommentare
3. Auflage, 176 Seiten **Bestell-Nr. 0590–8**

Balladen des 18., 19. und 20. Jahrhunderts werden in diesem für Lehrer, Studenten und Schüler bestimmten Band ausführlich interpetiert und durch Erklärungen Verständnis für diese Art Dichtung geweckt. Eine unentbehrliche Hilfe für den Deutsch- und Literaturunterricht.
Aus dem Inhalt: Bürger – Herder – Goethe – Schiller – Uhland – Eichendorff – Heine – Droste-Hülshoff – Miegel – Brecht – Huchel – Celan – Chr. Reinig – Kunert u. v. a.

Edgar Neis

Interpretationen motivgleicher Werke der Weltliteratur

2. Auflage, je 144 Seiten

Dramatische, epische und lyrische Gestaltung der bekanntesten Stoffe der Weltliteratur werden mit knappen Inhaltsangaben vorgestellt und miteinander vergleichend interpretiert.

Band 1:

Mythische Gestalten

Bestell-Nr. 0548–7

Alkestis – Antigone – Die Atriden (Elektra / Orest) – Iphigenie – Medea – Phädra

Band 2:

Historische Gestalten

Bestell-Nr. 0549–5

Julius Caesar – Coriolan – Der arme Heinrich – Die Nibelungen – Romeo und Julia – Jeanne d'Arc / Die Jungfrau v. Orleans – Johann Joachim Winckelmann

Edgar Neis

Verbessere Deinen Stil

2. Auflage, 120 Seiten **Bestell-Nr. 0539–8**

Der Autor versucht im vorliegenden Band vom grundlegenden Schema über Wortwahl und Satzgestaltung den Interessierten zu einer guten Ausdrucksform zu führen.
Stil ist erlernbar, deshalb wurden im 2. Teil viele künstlerisch gestaltete, stilvolle Beispiele wiedergegeben.

Edgar Neis

Wie interpretiere ich ein Drama?

Methoden und Beispiele
224 Seiten **Bestell-Nr. 0633–8**

Erstbegegnungen mit dramatischen Formen – Methode des Interpretierens – Wege zur Erschließung und Analyse eines Dramas.
Arbeit am Detail: Titel, Personen, Handlung, Aufbau, Sprache, Realisation, Bühnengestaltung, Regieanweisungen, sozio-kulturelle und historische Einordnung usw.
Modellinterpretationen – Zur Theorie des Dramas – Literaturverzeichnis.
Interessenten: Lehrer und Schüler aller Schulgattungen.

Edgar Neis

Wie interpretiere ich Gedichte und Kurzgeschichten?

12. Auflage, 208 Seiten **Bestell-Nr. 0530–3**

Ein „Grundkurs", die Kunst der Interpretation zu erlernen und zu verstehen. Die tabellarischen Leitlinien führen den Benutzer des Buches zum Verständnis für diese Gattung der Poesie. Anhand von zahlreichen durchgeführten Interpretationen ist dieses Buch ein unentbehrliches Hilfsmittel für Schüler und Lehrer.

Reiner Poppe

Rechtschreibung

Texte und Übungen für die Klassen 5 und 6

196 Seiten **Bestell-Nr. 0595–9**

Zum Selbstunterricht mit Hinweisen zur Handhabung sowie didaktischen und methodischen Anleitungen für Unterrichtende.

Zu ausgewählten Rechtschreibschwierigkeiten wurden **Texte mit vielgestaltigen Übungen** in Einzelkapiteln zusammengefaßt. Jede Textgruppe ist mit einer knappen **Zusammenfassung** des voraufgegangenen Lernstoffes sowie **Erprobungsdiktaten** abgeschlossen. Testdiktate beschließen den Übungsteil. Es wurde besonders darauf geachtet, daß der Lernende Schwierigkeiten bewußt erfährt, **Lösungswege** und **Hilfen eigenständig** formuliert und **systematisch** üben kann.

Klaus Sczyrba

Komm, wir schreiben!

Rechtschreibübungsheft für das 2. und 3. Schuljahr

Format: DIN A4 – 40 farbige Illustrationen

36 Seiten, kart. **Bestell-Nr. 0614–9**

Freude ist der Motor zum Erfolg. Nach diesem Grundsatz will der Autor den Kindern durch die lustbetonte, sehr abwechslungsreiche Art dieses Heftes den Weg zu Rechtschreibsicherung leicht machen.

In frohem Tun werden fast unauffällig fundamentale Kenntnisse der Rechtschreibung angeeignet, ohne daß die Kinder dabei den Eindruck des Übens haben.

Klaus Sczyrba

Komm, wir schreiben!

Rechtschreibübungsheft für das 3. und 4. Schuljahr

Format: DIN A4 – 60 farbige Illustrationen

60 Seiten, kart. **Bestell-Nr. 0616–5**

Alle Übungen für die Kinder des 3. und 4. Schuljahres sind so angelegt, daß sie mit Freude durchgeführt werden. Sie enthalten kurzweilige Aufgaben, Reime und Rätsel. Die Richtigkeit der Lösungen kann leicht selbst überprüft werden.

Üben ist für Kinder oft freudlos und langweilig. Bei diesem Heft spüren sie aber nicht, daß „nur geübt" wird. In froher, zielstrebiger Arbeit wird fast unbewußt die Rechtschreibfertigkeit gesteigert.

Klaus Sczyrba

Lebensnahe Diktate

für die Grundschule mit angegliederten Übungsmöglichkeiten für das **2. bis 4. Schuljahr**

152 Seiten **Bestell-Nr. 0610–6**

Dieses Übungsbuch ist aus der Erfahrung langjähriger Schularbeit entstanden und soll den Kindern vom 2. bis 4. Schuljahr helfen, ihre Rechtschreibleistungen zu verbessern.

Dazu werden 150 Diktate geboten, die in Ausmaß und Schwierigkeitsgrad dem Alter der Kinder entsprechen.

Zur vertiefenden Behandlung aller Rechtschreibbereiche sind jedem Diktat eine Reihe Übungsmöglichkeiten beigefügt.

Klaus Sczyrba

Neue lebensnahe Diktate

mit zahlreichen Übungsmöglichkeiten für das **2. bis 10. Schuljahr**

312 Seiten **Bestell-Nr. 0611–4**

Wie in den früheren Ausgaben dieses Buches werden hier wieder über 200 Diktate geboten, die in Ausmaß und Schwierigkeitsgrad dem Alter des Kindes entsprechen.

Klaus Sczyrba

Lebensnahe Diktate

mit zahlreichen Übungsmöglichkeiten für das **5. bis 7. Schuljahr,** und Anhang mit Lösungen

240 Seiten **Bestell-Nr. 0613–0**

In diesem Übungsbuch werden 150 Diktate geboten, die Kindern des 5. bis 7. Schuljahres helfen sollen, ihre Rechtschreibkenntnisse zu verbessern.

Zur vertiefenden Behandlung aller Rechtschreibbereiche ist jedem Diktat eine Reihe Übungsmöglichkeiten beigefügt.

Klaus Sczyrba

Lebensnahe Diktate

125 Diktattexte mit 600 Lösungsmöglichkeiten für das **8. bis 10. Schuljahr**

210 Seiten + Lösungsteil, kart. **Bestell-Nr. 0471–5**

Das Buch will mit seinen Diktaten und Übungen zum richtigen Gebrauch unserer Sprache beitragen. Die Diktate sind nicht nur nach Rechtschreibschwierigkeiten oder zur Anwendung einer Regel konstruiert, sondern sind auf die Bedürfnisse von Zeit und Umwelt abgestimmt.

Übungsmöglichkeiten mit Lösungen machen dieses Buch für häusliches Arbeiten und für den Unterrichtsgebrauch gleichermaßen unentbehrlich.

Klaus Sczyrba

Lebensnahe Diktate

mit zahlreichen Übungsmöglichkeiten für das **5. bis 10. Schuljahr**

432 Seiten + Lösungsheft **Bestell-Nr. 0612–2**

Auch dieses Übungsbuch soll den Kindern vom 5. bis 10. Schuljahr helfen, ihre Rechtschreibleistung zu verbessern.

Die hier angebotenen 250 Diktate sind in Ausmaß und Schwierigkeitsgrad dem Alter entsprechend ausgewählt worden. Jedem Diktat ist eine Reihe Übungsmöglichkeiten beigefügt, ebenso wurde der entsprechende Wortschatz eingebracht.

Tabellen der Rechtschreibschwierigkeiten in den einzelnen Schuljahren runden dieses Übungsbuch ab.

Klaus Sczyrba

Lebensnahe Grammatik für die Grundschule

für das 2. bis 4. Schuljahr

140 Seiten **Bestell-Nr. 0673–4**

Die alltäglichen Begebenheiten zweier Kinder sind lebendige Einstiege in alle Bereiche der Grundschulgrammatik. In übersichtlicher Weise werden alle notwendigen Kenntnisse zur Beherrschung unserer Sprache kindgemäß vermittelt, die in den angegliederten Übungen angewandt werden können. So ist dieses Büchlein sehr hilfreich für den Unterricht in der Schule und die häusliche Einzelarbeit.

Klaus Sczyrba

Lebensnahe Sprachlehre in der Grundschule

50 Unterrichtsentwürfe für die Einführung aller wesentlichen Gebiete.

112 Seiten, Illustrationen, kart. **Bestell-Nr. 0615–7**

Neubearbeitete 2. Auflage

Diese Unterrichtsentwürfe haben sich als eine vielbegehrte Hilfe erwiesen und ermöglichen, daß der sonst so trockene Stoff der Sprachlehre lebensnah, auf lustbetonte Weise eingeführt wird.

Jeder Entwurf ist eine Unterrichtseinheit, die sich über einen längeren Zeitraum erstreckt.

Klaus Sczyrba

Lebensnahe Grammatik für die Sekundarstufe I

5.-10. Klasse

ca. 80 Seiten u. Lösungsheft kart.

Bestell-Nr. 0474-X

Wesentliche Ursache für die Fehlerhäufigkeit in der Rechtschreibung ist in der mangelnden grammatischen Erkenntnis zu suchen.

Das Buch will hier Abhilfe schaffen. In übersichtlicher Anordnung bietet es in den für das Leben wichtigen Bereichen der Grammatik viele Beispiele und Übungsmöglichkeiten.

Englisch

Peter Luther/Jürgen Meyer

Englische Diktatstoffe
Unter- und Mittelstufe

64 Seiten, kart. **Bestell-Nr. 0647–5**

Beginnend mit einfachsten Texten und Erklärungen wird hier der Benutzer der Bücher mit der englischen Grammatik, Wortlehre und Rechtschreibung vertraut gemacht. Die Texte geben Hinweise auf die Vorbereitung zur Nacherzählung und sind gestaffelt nach Schwierigkeiten und Themengruppen. Worterklärungen und Übungen zur Selbstkontrolle runden den Band ab.

Jürgen Meyer/Gisela Schulz

Englische Synonyme als Fehlerquellen
Übungssätze mit Lösungen

116 Seiten, kart **Bestell-Nr. 0596–7**

Dieses Übungsbuch will helfen, die im Bereich der Synonymie immer wieder auftretenden Fehler zu vermeiden.

Die Aufstellung beruht auf Beobachtungen, die die Verfasser im Unterricht gemacht haben und erhebt keinen Anspruch auf Vollständigkeit. Die Übungssätze wurden so formuliert, daß die wichtigen Bedeutungsnuancen so klar wie möglich hervortreten. Die zur Kontrolle beigefügten Lösungen geben an, ob und wo Fehler gemacht worden sind.

Jürgen Meyer

Deutsch-englische/ englisch-deutsche Übersetzungsübungen

9. bis 13. Klasse

104 Seiten **Bestell-Nr. 0594–0**

Texte für Fortgeschrittene, die ihre Kenntnisse in Wortanwendung und Grammatik erweitern und überprüfen wollen.

Zu den zeitgemäßen deutschen Texten wurden die Vokabeln und deren Anwendungsmöglichkeiten gegeben und erklärt.

Am Schluß des Bandes die englischen Texte zur Kontrolle.

Breit einsetzbar in den Sekundarstufen, Grund- und Leistungskursen.

Jürgen Meyer

Übungstexte zur englischen Grammatik

9. bis 13. Klasse

96 Seiten, kart. **Bestell-Nr. 0567–3**

Der Band enthält Übungsmaterial zu aktuellen Fragen, u. a. Sachtexte zu Personen, wissenschaftlichen Entdeckungen und zeitgeschichtlichen Ereignissen, die über das heutige Großbritannien und die USA informieren. Die Texte sind mit ausführlichen Hinweisen zu den Vokabeln sowie Übungen zur Syntax und zum Wortschatz versehen. Diskussionsvorschläge und ein sorgfältig aufbereiteter Schlüssel bieten zusätzliche Unterrichtshilfen. Das Buch ist sowohl für Gruppenarbeit als auch für das Selbststudium gut geeignet.

Edgar Neis

Übungen zur englischen Herübersetzung

108 Seiten **Bestell-Nr. 0542–8**

Das Übungsbuch richtet sich an den Schüler, der ohne Hilfe eines anderen selbständig die Fertigkeit des Übersetzens aus dem Englischen erlernen will. 38 Texte aus Literatur und Sachschrifttum, jeweils mit Vokabelangaben versehen, kann der Übende ins Deutsche übertragen und anhand des Lösungsteils auf seine Richtigkeit hin überprüfen.

Die Texte eignen sich im Unterrichtsgebrauch als Übungen zu Nacherzählung und Grammatik.

Edgar Neis

Wie schreibe ich gute englische Nacherzählungen?

6. Auflage, 84 Seiten, kart. **Bestell-Nr. 0526–6**

Langjährige, im gymnasialen Englischunterricht auf der Mittel- und Oberstufe sowie bei zahlreichen Abiturprüfungen gewonnene Erfahrungen haben zur Herausgabe dieses Buches geführt. Texterfassung und -darstellung, Wortschatzerweiterung, Regeln der Stillehre, Erzählstil, idiomatische Redewendungen, Homophone, unregelmäßige Verben, Comment u. v. a.

Musterbeispiele als Vorlagen für Lernende.

Edgar Neis

Englische Nacherzählungen der siebziger Jahre

72 Seiten, kart. **Bestell-Nr. 0527-4**

Im vorliegenden Band findet der Übende Texte, welche im heutigen Schulunterricht bevorzugt benutzt werden. Diese unterscheiden sich gegenüber früheren Nacherzählungstexten durch gesteigerte Aktualität und Zeitnähe. Als Diktatstoffe für die Mittelstufe einsetzbar.

Reiner Poppe

Englische Nacherzählungen Unter- und Mittelstufe

96 Seiten, kart. **Bestell-Nr. 0566-5**

Der Band enthält 62 Texte unterschiedlicher Länge und Schwierigkeit. Den Texten zur engl. und amerik. Geschichte sowie zu aktuellen Gegebenheiten sind method. Anleitungen für die mögliche Behandlung vorangestellt. Es ist hier besonders an den Selbst- oder Nachhilfeunterricht gedacht. Besonderer Wert wurde auf die Hinführung zu pragmatischer Rekonstruktion („précis") der Texte gelegt. Vokabelhilfen und Kurzhinweise zu Leben/Werk herausragender, in den Texten vorkommender Persönlichkeiten runden den Band ab. Empfohlen für Orientierungsstufe und Sekundarstufe I.

Französisch

Klaus Bahners

Französischunterricht in der Sekundarstufe II

(Kollegstufe)

Texte – Analysen – Methoden

104 Seiten, kart. **Bestell-Nr. 0565-7**

Dieses Buch wendet sich an alle, die jetzt oder künftig auf der neugestalteten Oberstufe (Sekundarstufe II) Französischunterricht erteilen; vor allem an jüngere Kollegen und Referendare, aber auch an Studenten, die sich auf den Übergang vom wissenschaftlichen Studium zur pädagogischen Umsetzung vorbereiten wollen.
Schließlich gibt „Französischunterricht in der Sekundarstufe II" auch Schülern der reformierten Oberstufe wertvolle Hinweise für den selbständigen Zugang zur Interpretation französischer Texte.

Paul Kämpchen

Französische Texte zur Vorbereitung auf die Reifeprüfung

80 Seiten, kart. **Bestell-Nr. 0522-3**

Übungen für die Grammatik, den Stil und eine der Prüfungsarten – die Nacherzählung – sollen hier dem Anwärter zur Prüfung nahegebracht werden. Kurze und lange Nacherzählungstexte mit Worterklärungen stehen hier als Übungstexte zur Verfügung.
Der Schüler oder Student kann anhand dieser Kurzgeschichten seine sprachliche Beweglichkeit unter Beweis stellen. Kleine und leichte Stücke, die sich nur für Anfänger und wenig Fortgeschrittene eignen, wurden weggelassen.

Alfred Möslein/
Monique Sickermann-Bernard

Textes d'étude

64 Seiten, kart. Bestell-Nr. 0523-1

25 erzählende Texte aus der neueren französischen Literatur als Vorlagen für Nacherzählungen und Textaufgaben.
Durch unterschiedliche Längen und Schwierigkeitsgrade sowie durch breitgefächerte Thematik eignen sich diese Texte als Lektüre und Ausgangspunkt für Diskussionen im Unterricht. In den „Suggestions" findet man einige Anregungen für Übungen, die sich an die reine Textbehandlung anschließen können. Die Worterklärungen sollen das Verständnis der Texte erleichtern.

Werner Reinhard

Französische Diktatstoffe Unter- und Mittelstufe

1./2. Unterrichtsjahr sowie 3./4. Unterrichtsjahr

2. Auflage, 96 Seiten, kart. **Bestell-Nr. 0532-0**

Die nach dem Schwierigkeitsgrad geordneten Texte sind überwiegend Erzählungen und Berichte von Begebenheiten des täglichen Lebens, wobei unbekannte Vokabeln beigegeben sind. Mit den Texten lernt der Schüler die gehobene Umgangssprache, d. h. Vokabular und Wendungen, die er später für eigene Textproduktionen verwenden kann. Den Texten vorangestellt sind Bemerkungen zur Rechtschreibung, die nützliche Rechtschreibregeln enthalten.

Werner Reinhard

Übungstexte zur französischen Grammatik

9. bis 13. Klasse

128 Seiten, kart. **Bestell-Nr. 0543-6**

„Übungstexte zur französischen Grammatik" wendet sich an Lernende, die bereits einige grammatische Kenntnisse haben, sie jedoch festigen und vertiefen wollen. Es eignet sich aufgrund umfangreicher Vokabelangaben sowie des ausführlichen Lösungsteils zum Selbststudium, und vermag bei Schülern ab Klasse 9 Nachhilfeunterricht zu ersetzen.
Die textbezogenen Aufgaben berücksichtigen insgesamt die wichtigsten grammatischen Gebiete, ein Register ermöglicht auch systematisches Vorgehen.

Werner Reinhard

Übungen zur französischen Herübersetzung

96 Seiten, kart. Bestell-Nr. 0537-1

40 franz. Texte aus Literatur und Sachschrifttum, jeweils mit Vokabelangaben versehen, kann der Lernende ins Deutsche übertragen und anschließend, anhand des Lösungsteiles, seine Fassungen auf ihre Richtigkeit hin überprüfen. Dem Verfasser kam es bei den deutschen Übersetzungen nicht auf prägnanten Stil an, es ging ihm vielmehr um die inhaltlich richtige und vom Schüler nachvollziehbare Übersetzung. So enthalten die Herübersetzungen jeweils auch Anmerkungen mit wörtlichen Entsprechungen, Varianten und Hinweisen zur Grammatik. Breit einsetzbar in den Sekundarstufen.

Werner Reinhard

Kurze moderne Übungstexte zur französischen Präposition

120 Seiten, kart. **Bestell-Nr. 0568–1**

In einem lexikalischen Teil gibt das Übungsbuch zunächst einen Überblick über die Anwendung der wichtigsten Präpositionen. Auch die Präpositionen als Bindeglied zwischen Verb und Objekt bzw. Infinitiv (vor allem à und de) werden berücksichtigt. Listen erleichtern dabei systematisches Lernen.
Im anschließenden Übungsteil kann der Benutzer seine Kenntnisse überprüfen. Vorherrschende Methode ist die Einsetzübung. Mit dem Lösungsteil eignet sich das Buch gut zum Selbststudium. Einsetzbar für den Unterricht in den Sekundarstufen.

Christine und Gert Sautermeister

Der sichere Weg zur guten französischen Nacherzählung

– Zur Methodik des Hörens und Schreibens im Französischunterricht –

118 Seiten, kart. **Bestell-Nr. 0534–7**

Der erste Teil des Buches will auf die Bedingungen richtigen Hörens aufmerksam machen und Wege zum besseren Hören skizzieren. Der zweite Teil gibt Anregungen, die Grundrisse des Textes, der Gelenkstellen, Höhepunkte, Pointen nochmals zu vergegenwärtigen.
Spezifische Formulierungsprobleme der Nacherzählung entfaltet der dritte Teil.

Gemeinschaftskunde

Peter Beyersdorf

Die Bundesrepublik Deutschland

Arbeitshefte zur Sozial- und Gesellschaftskunde

Band 1:
Strukturen und Institutionen
mit Text des Grundgesetzes
124 Seiten **Bestell-Nr. 0507–X**

Band 2:
Parteien und Verbände
84 Seiten **Bestell-Nr. 0508–8**

Band 3:
Außenpolitische Entwicklung
72 Seiten **Bestell-Nr. 0509–6**

Diese Reihe wurde vor allem für den Bereich der politischen Pädagogik geplant: für Lehrer und Schüler also in erster Linie. Das gilt für Gymnasien und höhere Schulen insgesamt, für Berufsschulen und nicht zuletzt für den großen Bereich der Erwachsenenbildung in den Volkshochschulen.
Jedes Heft enthält neben dem Textteil einen Dokumentenanhang und ein Literaturverzeichnis; darin wird auf spezielle, einzelne Themen vertiefende Bücher hingewiesen.
Mit Hilfe dieser „Arbeitshefte" wird es dem Benutzer möglich, die grundsätzlichen politischen Zusammenhänge unseres Gemeinwesens und die Struktur der internationalen Politik zu erkennen. Dazu werden nicht nur Daten und Fakten angeboten, sondern zugleich auch deren Erklärung und Interpretation. Stand 1970!

Geschichte

Robert Hippe

Geschichts-Gerüst

von den Anfängen bis zur Gegenwart
4 Teile in einem Band
228 Seiten **Bestell-Nr. 0551–7**

Der Primaner, der das „Skelett" dieses „Gerüstes" beherrscht, sollte allen Prüfungsanforderungen gewachsen sein!

Das vorliegende Werk will kein Ersatz für bereits bewährte Bücher ähnlicher Art sein, sondern einem **Auswahlprinzip** huldigen, das **speziell auf Gymnasien,** kurz **alle weiterführenden Schulen zugeschnitten** ist. Daher erklärt sich die drucktechnische Hervorhebung des besonders Wesentlichen (Fettdruck).

Teil I: Von der Antike bis zum Beginn der Völkerwanderung (ca. 3000 v. Chr. bis 375 n. Chr.)

Teil 2: Von der Völkerwanderung bis zum Ende des Mittelalters (375 –1268)

Teil 3: Vom Übergang zur Neuzeit bis zum Ende des 1. Weltkrieges (1268–1918)

Teil 4: Vom Beginn der Weimarer Republik bis zur Gegenwart (1918–1953)

Latein

Reinhold Anton

Die Stammformen und Bedeutungen der lateinischen unregelmäßigen Verben

Anleitung zur Konjugation von etwa 1600 einfachen und zusammengesetzten unregelmäßigen Verben.
5. verbesserte Auflage
40 Seiten, kart. **Bestell-Nr. 0500–2**

Oswald Woyte

Latein-Gerüst

Der gesamte Stoff bis zur Sekundarstufe II (Kollegstufe) in übersichtlicher Anordnung und leichtverständlicher Darstellung mit Übungstexten, Übungsaufgaben und Schlüssel.

Teil 1: **Formenlehre**
116 Seiten, kart. **Bestell-Nr. 0552–5**

Teil 2: **Übungsaufgaben und Schlüssel zur Formenlehre**
144 Seiten, kart. **Bestell-Nr. 0553–3**

Teil 3: **Satzlehre**
104 Seiten, kart. **Bestell-Nr. 0554–1**

Teil 4: **Übungsaufgaben und Schlüssel zur Satzlehre**
72 Seiten, kart. **Bestell-Nr. 0555–X**

jeweils 2. Auflage

Die vier Bände ersparen den Lernenden die Nachhilfestunden und bieten ein unentbehrliches Übungs- und Nachschlagewerk bis zur Reifeprüfung.

Der Autor hat aus einer Praxis als Oberstudiendirektor die Schwierigkeiten der lateinischen Sprache für den häuslichen Übungsbereich aufbereitet und leicht faßbar erläutert. Lernanweisungen sollen das Einprägen erleichtern.

Friedrich Nikol

Latein 1

Übungen mit Lösungen für das erste Lateinjahr in zwei Bänden.

Band 1 / **Erstes Halbjahr**
mit Lösungsteil
kart. **Bestell-Nr. 0634–3**

Band 1 / **Zweites Halbjahr**
mit Lösungsteil
kart. **Bestell-Nr. 0635–1**

In beiden Teilbänden wird der gesamte Stoff des ersten Lateinjahres behandelt.

Latein 2

(2. Lateinjahr)
kart. **Bestell-Nr. 0638–6**

Der lateinische Wortschatz ist in den Büchern genau angegeben und den verschiedenen lateinischen Unterrichtswerken angepaßt, die in den einzelnen Bundesländern zugelassen und eingeführt sind.
Bei gründlicher häuslicher Nachhilfe mit den Büchern wird der Übende immer mehr Freude an Latein bekommen, und bald wird sich auch der Erfolg bei den Leistungen in der Schule zeigen.

Suchen Sie wortgetreue Übersetzungen und Präparationen zu Ihren Schullektüren römischer und griechischer Klassiker?
Sie finden in der **Kleinen Übersetzungsbibliothek** in 500 Bänden im Kleinformat wörtliche deutsche Übersetzungen.
Fordern Sie das ausführliche Verzeichnis an.

Mathematik

Bernd Hofmann

Algebra 1

Mathematikhilfe für die 7./8. Jahrgangsstufe weiterführender Schulen
216 Seiten **Bestell-Nr. 0580–0**

Helmut Kürzdörfer

Geometrie 1

Mathematikhilfe für die 7./8. Jahrgangsstufe weiterführender Schulen
232 Seiten **Bestell-Nr. 0581–9**

Diese Bücher sind im wesentlichen auf den Lehrstoff des 7. und 8. Schuljahres abgestimmt.
Sie gliedern sich in Kontroll-, Übungs- und Lösungsteil. Ausgerichtet sind sie als unterrichtsbegleitende Werke auf Schüler und die ihnen hilfreich zur Seite stehenden Eltern.
Nützlich sind sie aber auch wegen des großen und vielseitigen Angebots an Übungsaufgaben (mit vollständigen Lösungswegen) **für Lehrer.** Von ähnlichen Unterrichtshilfen heben sie sich durch die kurze, übersichtliche und verständliche Darstellung sowie durch gute Überprüfbarkeit der Kenntnisse ab. (Besprechung der Bibliothekszentrale, Reutlingen).

Lothar Deutschmann

Mathematik

Wegweiser zur Abschlußprüfung
Mathematik I, II und III an Realschulen
Anhang: Reifeprüfungsaufgaben mit Lösungen 1980/1981/1982/1983
168 Seiten + 121 Abb.
kart. **Bestell-Nr. 0644–0**

Ein erfahrener Pädagoge erteilt Nachhilfeunterricht in Mathematik.

Friedrich Nikol / Lothar Deutschmann

Algebra 2

Mathematikhilfe für die 9./10. Klasse
Übungaufgaben und Schulaufgaben mit Lösungswegen und Lösungen.
168 Seiten + 46 Abb.
kart. **Bestell-Nr. 0645–9**

Anhand von Klassenarbeiten und Probearbeiten wird versucht, den Schülern Nachhilfe zu erteilen.
Lösungswege und Lösungen erleichtern das Auffinden eigener Fehler.

Ruth Kirchmann

Zielscheibe Mathematik

Wenn Schüler vor Mathematik zurückschrecken, liegt es häufig an den Lücken, die irgendwann entstanden sind und das Verständnis des ganzen folgenden Unterrichtsstoffes blockieren.
In diesen Nachhilfebüchern, die auch zum Nachlernen für zu Hause geeignet sind, finden sich Schüler schnell zurecht.

Dezimalzahlen

78 Seiten – viele Abbildungen
+ 8 Seiten Lösungsheft
Bestell-Nr. 0671–8

Die vier Grundrechenarten

90 Seiten – viele Abbildungen
+ 6 Seiten Lösungsheft
Bestell-Nr. 0672–6

Johannes Lorenz

Mathematik-Gerüst-Unterbau

6. Auflage
84 Seiten, kart. **Bestell-Nr. 0558–4**

Sammlung von Formeln und Sätzen mit zahlreichen Musteraufgaben und vielen Figuren.

Inhalt: Zahlenrechnen – Algebra – Gleichungen – Logarithmen – Geometrie – Stereometrie – Trigonometrie.

Dieser Band richtet sich an den Lernenden, der in kurzer Form seine Kenntnisse wieder auffrischen möchte und anhand von Musteraufgaben Lösungswege rekonstruieren will.

Bis Sekundarstufe I.

Georg Ulrich / Paul Hofmann

Geometrie zum Selbstunterricht

Ein vollständiger Lehrgang der Geometrie zum Selbstunterricht und zur Wiederholung und Nachhilfe. Von der elementaren Geometrie über die Differential- und Integralrechnung bis zur Integralgleichung bieten die Bände den gesamten Stoff der Oberschulen bis zur Sekundarstufe II.
Übungsaufgaben mit Lösungen erleichtern die Verfolgung des Rechenweges und deren Einprägung und Verstehen.

1. Teil:
Planimetrie
172 Seiten, kart. **Bestell-Nr. 0576–2**

2. Teil:
Trigonometrie
136 Seiten, kart. **Bestell-Nr. 0540–1**

3. Teil:
Stereometrie
148 Seiten, kart. **Bestell-Nr. 0577–0**

4. Teil:
Analytische Geometrie
232 Seiten, kart. **Bestell-Nr. 0536-3**

Philosophie

Robert Hippe

Philosophie-Gerüst

Teil 1
96 Seiten **Bestell-Nr. 560–6**

Der erste Band des „Philosophie-Gerüsts" will an die Geschichte der abendländischen Philosophie heranführen, dem Leser einen Überblick über die Jahrhunderte philosophischen Denkens geben.
Aus dem Inhalt: Was ist Philosophie? Die griechische Philosophie – Die hellenistisch-römische Philosophie – Die Philosophie des Christentums – Die Philosophie des Mittelalters, im Zeitalter der Renaissance und des Barocks – Die Philosophie von der Aufklärung bis zu Hegel – Die Philosophie der Gegenwart.
Anhang – Bibliographie u. a.

Teil 2
80 Seiten **Bestell-Nr. 561–4**

Im zweiten Band werden die Disziplinen der reinen und angewandten Philosophie behandelt, und dem Benutzer ein Überblick über den gewaltigen Umfang des Bereichs der Philosophie gegeben.
Aus dem Inhalt: **Die Disziplin der reinen Philosophie:** Logik und Dialektik – Psychologie – Erkenntnistheorie – Ontologie und Metaphysik – Ethik – Ästhetik.
Die Disziplinen der angewandten Philosophie: Naturphilosophie und Philosophie der Mathematik – Geschichtsphilosophie – Rechts- und Religionsphilosophie – Philosophische Anthropologie und Existenzphilosophie – Sprachphilosophie.
Philosophie und Weltanschauung
Bibliographischer Anhang u. a.

Physik

Robert Gehr

Einführung in die Atomphysik

Vorbereitungshilfen für das Physik-Abitur an mathematisch-naturwissenschaftlichen Gymnasien.
152 Seiten, kart. **Bestell-Nr. 0511–8**

Inhalt: Das Atommodell der kinetischen Gastheorie – Die atomistische Struktur der Elektrizität – Energiequanten und Korpuskeln – Atommodelle – Kernphysik – Nachweismethoden für Strahlungen.
Das Ziel des Buches ist, den Physikstoff der Abschlußklassen im Hinblick auf die Reifeprüfung umfassend und gründlich darzustellen, andererseits aber auch – gemäß dem Bildungsauftrag einer höheren Schule – in das (physikalische) Weltbild der Gegenwart einzuführen.

Friedrich Nikol

Physik I

Fragen mit Antworten aus dem Lehrstoff der Sekundarstufe I mit Prüfungsfragen und Lösungen.
100 Seiten **ISBN 3-8044-0639-4**

Dieses Buch soll eine Lücke füllen auf dem Gebiet der Physikvorbereitung. Häufig auftauchende Fragen aus Mechanik, Wärmelehre, Optik, Magnetismus und Elektrizität im Physikunterricht werden leicht verständlich beantwortet.
Ein Band zur Vorbereitung auf Abschlußprüfungen.

Konrad Lorenz

Physik-Gerüst

neubearbeitet von Lothar Deutschmann
6. erweiterte Auflage
240 Seiten **Bestell-Nr. 0617–3**

Die Grundlagen der Physik in übersichtlicher und leicht faßlicher Darstellung.
Inhalt: Meßkunde – Allgemeine Eigenschaften der Körper – Mechanik fester Körper – Mechanik der Flüssigkeiten – Mechanik der Gase – Lehre vom Schall – Wärmelehre – Magnetismus – Elektrizität – Geometrische Optik – Wellenoptik u. a.

Verschiedenes

Adolf Busch

Glückwunschbuch

15. Auflage
104 Seiten, illustr. **Bestell-Nr. 0510–X**

Glückwunschgedichte für alle Gelegenheiten nebst einem Anhang. Gedenk- und Glückwunschgedichte deutscher Dichter.
Geburtstags-, Namenstagswünsche – Weihnachtswünsche – Neujahrswünsche – Hochzeitswünsche – Gästebuch- und Poesie-Album-Verse – Zum Richtfest – Gedenk- und Glückwunschgedichte deutscher Dichter.